ファウンダー思考

新規事業を成功に導く6つの武器

FOUNDER MINDSET

信原威
TAKESHI NOBUHARA

プレジデント社

はじめに

「あなたにとってのハード・シングス（答えのない難問）は何か？」と問われたら、どのエピソードを話そうかと、私はきっと迷うでしょう。それほどに、私は多くのハード・シングスを経験してきました。

しかしそれらを乗り越えるごとに、私の「ファウンダー（起業家）思考」は確固たるものになり、経営者やリーダーが持つべき「6つの武器」と、その武器をとことん使うために不可欠な「根拠なき自信」が備わりました。

もし、私に生まれついての経営の才覚があったなら、きっと最短ルートを歩んでファウンダーになれたでしょう。昨今のトップ大学卒業の優秀な若者たちが、大企業の経営者や官僚になる道を選ばず、起業家を選ぶ傾向が強まっているのと同じように。

しかし私は天才ではなく、天性の経営の才覚も持ち合わせていません。優秀で賢いわけでもありません。新卒の就活で志望した、トップ・オブ・トップの商社には採用されませんでした。ファウンダーとして歩もうと決意した後も、「外資系コンサルティング会社↓ベンチャー企業↓海外初挑戦（失敗）↓日系コンサルティング会社」という回り道をしてきました。

そんな凡庸な私でも、「絶対にアメリカで成功する」という強い決意のもと、妻と幼い３人の子供、そしてたった３００万円の貯金を携えて、アメリカのカリフォルニアにわたり、ファウンダーとして起業、仲間２人と共に12年ほど会社経営を継続することができています。

その結果、今まで約１００人の従業員を採用し、そのうちの３人は、私共の会社が雇用主としてアメリカの就労ビザ（査証）を申請し取得しました。もちろん社員一人ひとりには、それぞれ家族がいます。よって、実際には３００人以上の人間の生活を支えていることになり、こう書いているだけで身の引き締まる思いがします。

世の中に頭の良い人間はいくらでもいますが、彼らがみんな成功をつかめるかといえば、そうではないでしょう。重要なのは、「６つの武器」と、それを使い切るために不可欠な「根拠なき自信」を持つこと。この「６つの武器」については、本書をすべて読んでいただくことで、座学としては身につけることができます。

一方、必ず成し遂げるという実行力につながる〝根拠なき自信〟は、ファウンダーとしてのマインドセットが欠かせません。このマインドセットは、座学により身につくものではなく、一人ひとりが自ら気づき、汗を流すことでしか得られません。

それでも私は、あえて本書で困難な試みにチャレンジします。具体的には、私個人が経験してきたエピソードを余すことなくお伝えします。それぞれの出来事について、「何が起きたのか」にとどまらず、私がどのようなことを感じ、いかにして乗り越えてきたのか、あるいはなぜ乗り越えられなかったのかを、なるべく事細かく解説します。「そんなことも知らなかったの？」と、笑っていただいてもかまいません。私自身、過去を振り返ってそう思うことは山ほどあります。そんな私のストーリーを通じて、「〝言われたことだけ〟をする現状にモヤモヤしているすべての若者のみなさんが、ファウンダーとしてのマインドセットをつかみ取るきっかけ」になれば、これ以上のことはありません。

きっと本書を読み終わったときには、あなたは行動したくてたまらなくなっていることでしょう。そんな自分自身に出会えることを楽しみにしていてください。

『ファウンダー思考』もくじ

第4章　物語の形成　ハリウッド映画に学ぶブランドストーリー展開

第5章　同志の結成　夢を実現する仲間作り

第6章　金脈の確保　キャッシュを生み出す経営施策と勝ちパターンの発見と再現

第7章 計画の実行

実行に結びつくオペレーション管理メソッド

第8章

成功者は絶対に諦めない

FOUNDER
MINDSET

第1章

私の「ファウンダー思考」はこうして育まれた

39歳、子供3人、資金300万円。
〝背水の陣〟で臨んだアメリカ再挑戦！

2012年、私は家族（妻と3人の子供）とともに、アメリカのロサンゼルス（カリフォルニア州）に降り立ちました。

「独立し、アメリカでビジネスをする」――私が長年抱いてきた夢を実現させるためです。家族が一緒なのは、同じ経験をさせてやりたいという思いがあったからです。

1度目の挑戦は2007年、私が34歳の時です。それまでのキャリアで得た知識やスキルを活かし、日本の先輩が開発したソフトウエアをアメリカのシカゴ（イリノイ州）に売り込むという事業に乗り出しました。

当時の私は、こう考えていました。「自分だったら、絶対に成功できる」と。ですが、心からそう信じ切っていたにもかかわらず、残念ながら失敗という結果に終わり、挑戦から半年で日本に舞い戻ることになったのです。

帰国後、私は徹底した振り返りをしました。心は悔しさでいっぱいでしたが、感傷に浸っている時間はありません。私には養わねばならない家族がいます。なぜ失敗したのか、その要因を徹底して洗い出し、考え、それに対して必要なものをしっかり身につけなければなりません。私はどうしても、40歳になる前にアメリカで再チャレンジをしたかったのです。

最初の失敗から5年後、私は再びアメリカ挑戦のチャンスをつかむことができました。再挑戦の地に選んだのは、ロサンゼルス。リベンジの意味もあり、再度シカゴに拠点を置きたいという気持ちもありましたが、ロサンゼルスを選んだ理由は別にあります。

最初の挑戦では、アンカークライアント（ビジネスポートフォリオの基盤となる長期契約のクライアント）がない状態で渡米しました。これは、当面の収入確保ができないことを意味します。しかし、当時の私はそれに気づいていませんでした。

外資系ベンチャー企業でそれなりの成果を出し、手応えを感じていた私は、とにかくアメリカに行き、自分の強みやスキルをフル活用してコンタクトを取り、売り込みをかければ成功すると思い込んでいたのです。そこに、根拠はありません。あったのは、根拠のない自信、というよりは過信だったかもしれません。

つまり、私は起業に必要な準備をほとんどせず、いきなり渡米し、あえなく失敗したというわけです。

帰国後、私は幼馴染であり、後々にExa Innovation Studio, Inc.の共同創業者となる方《かた》健太郎と度重なるディスカッションをし、最大の失敗要因は「アンカークライアントを持たなかったこと」にあるという結論に至りました。そこで私は、2度目の挑戦の話が出たあたりから、アンカークライアントの確保に動きました。そして運良く楽天グループ株式会社から仕事をもらうことができ、アンカークライアントを得た上での渡米が可能になりました。すなわち、活動拠点としてロサンゼルスを選んだのは、ロサンゼルスに行きたいというよりも、前の失敗に習ったからなのです。

私は楽天グループ株式会社による、アメリカのインターネット通販会社「バイ・ドット・コム（Buy.com）」の買収に関連するビジネス展開に携わることになりました。「バイ・ドット・コム」の近くに拠点を置こうと考え、この会社の拠点地であった、カリフォルニア州ロサンゼルス市の南部に移り住んだのです。

この仕事のおかげで、私は当面の収入を確保することができたわけですが、この案件だけでは事業拡大にはつながりません。ノウハウや武器は、ある程度日本でしっかりと勉強して得ているため、アメリカで事業の継続を目指すなら、必要なのはロサンゼルスのビジネスコミュニティに入りこむことでした。なぜなら、新しい契約を得るには、契約締結における意思決定権のある人とつながらなければならないからです。

ロサンゼルスでの人脈構築は「ゴルフクラブ」で作った

当時の私には、ロサンゼルスに頼れる知り合いはいませんでした。ロサンゼルスに住むのはこの時が初めてでしたし、ニューヨークやシカゴに知り合いはいるけれど、物理的距離があり過ぎて、彼らの存在がロサンゼルスで新しい仕事を得ることにつながることはなかったのです。人脈もないロサンゼルスで、どのように事業展開をしていけば良いのか。考えた末に私が選んだのは、ロサンゼルスにある、もっとも高級なゴルフクラブの年間会員になり、毎週土曜日の朝6時にゴルフに通うことでした。

アメリカの起業家や経営者は、家族をとても大切にします。そのため彼らがゴルフを楽しむ時間帯は休日の早朝であることがほとんど。6時からプレイをスタートさせれば、11時には自宅に戻れるため、その後ゆっくりと子供や家族と過ごす時間を確保することができます。彼らはたいてい1人でやって来るので、私はその時間帯に合わせました。ゴルフは18ホールあり、すべてのホールを回ろうとすると、4時間はかかります。その間、私はそこで出会った起業家や経営者とゴルフを楽しみながら、少人数もしくは個別でじっくりと話ができたのです。

このゴルフクラブは高級なこともあり、顧客は富裕層ばかり。起業家や経営者以外に、医者や弁護士、大学教授にスポーツ選手まで、様々なジャンルの人と出会うことができ、そこで私のロサンゼルスにおけるネットワークの土台を作ることができました。


例えば、大学教授からはアメリカ発のベンチャービジネスや、アメリカ屈指の名門大学3校が連携し行われている「産学連携ビジネス育成プログラム」を紹介してもらいました。これは、UCLA（カリフォルニア大学ロサンゼルス校）、USC（南カリフォルニア大学）、CalTech（カリフォルニア工科大学）の3校が取り組む、ベンチャー育成をするプログラムです。私は大学教授を通じて、このプログラムに参加する起業家を紹介してもらえたのです。

また、医師からは最先端の医療技術や、医療における新たなビジネス、南カリフォルニアの医療事情について教えてもらい、弁護士からは買収案件や投資案件に関する情報を聞くことができました。

特に弁護士は、法律以外にも様々な引き出しを持っています。今、どのような事業が面白いのか、どのような事業発展があるのか、ビッグディール（大型案件）がどのようなところで生まれているのかなど、彼ら独自の目線から知り得た情報や価値観などを共有してもらう機会にも恵まれました。

さらにスポーツ選手やスポーツ関連の人からは、アメリカで人気のあるスポーツの情報やスポーツ業界の事情を聞くことができ、それを通して、私はアメリカ人の持つ価値観などを把握できるようになったと感じています。

加えて、不動産業者や金融業の人たちともつながりを持つことが叶いました。特に不動産業者は、アメリカでは財を成す職業として知られ、多くの人からリスペクトされています。彼らからは、不動産事情や不動産テック、土地の物理的な情報、カフェやレストランに有利なロケーション、人々が住みたがる地域はどこかなど、事業展開に大きく役立つ情報を教えてもらうことができ、今でも感謝しています。

いずれの情報も、現在その業界で何が起こっているか、どのような事情が発生しているのかをリアルタイムで知ることができる貴重なものばかり。このような情報交換は、日本の起業家や経営者などの間でも頻繁に行われています。日本では、会食の席を設けて情報交換するのが定番ですが、私はアメリカのゴルフクラブで、それをしていたということです。

アメリカでは得られない情報をとことん提供して信頼を構築した

ネットワーク作りにおいては、相手が自分と話をしたいと思ってくれないと、当然ですが信頼関係の構築には至りません。それなりの肩書を持っていたり、有名人であれば、相手に「この人と話をしてみたい」と思ってもらえるかもしれませんが、私はどれも持ち合わせていませんでしたし、東洋人です。相手からしたら、話したいと思わせる要素があるとは言い難いでしょう。それに、相手から話を聞き出したいのであれば、自分も相手に提供できる何かしらのものがないといけません。

そこで私が提供したのは、日本で知っている政治家や経営者のこと、日本市場、私のこれまでのビジネス経験から得た情報です。いずれもアメリカでは得られない情報ですから、たいていのアメリカ人は興味深く耳を傾けてくれました。それを繰り返していくうちに、最終的に彼らとの関係性を構築することができ、彼らのビジネスコミュニティに招待してもらえたり、彼らの紹介で人とつないでもらえたりするまでになりました。

とはいっても、毎週ゴルフ場に通ったところで、誰と一緒にプレイするかは当日に行ってみないとわかりません。ゴルフは、その場にいる人でパーティー（ゴルフ競技をする際に何人かが一組となること）を組み、コースを回ります。

〝誰か〟とは会えますが、その出会いが毎回有意義であるはずもなく、誰とも話さず、黙ってひたすらプレイして終わったことも幾度となくあります。しかし、そんなことは想定済み。そもそも、出会いは自分でコントロールできない不確かなもの。予想以上の良い出会いに恵まれることがあるなら、予想外に出会いに恵まれない時期も受け入れなければなりません。

自分が好きなことが行われている場所を探し、勇気をもって飛び込む

だからこそ大切なのは、あなたのやっていることが本当に好きかどうか。好きであれば、どんな時でも楽しく続けることができますよね。取り組むものは何だって構いません。私の場合はゴルフでした。下手の横好きですが、好きだから継続することができました。テニスやチェス、将棋や囲碁が好きなら、その集まりに出かけてみましょう。アメリカには、囲碁や将棋を楽しむ人がそれなりにいるので、競技人口は決して少なくありません。アニメが好きなら、アニメクラブを探してみてください。日本のアニメは欧米でかなりの人気を誇ります。あなたの知っているアニメの情報は、彼らにとって大きな価値を持つかもし

れません。

ネットワークを作る方法は、きわめてシンプルです。自分が好きで継続できることを見つけて、それを好む人たちが集まる場所を探し出し、勇気を出して飛び込んでみる。後はその場所に通い続け、マナーを守りながら、多くの人と話す機会を自分から作っていく。これは、日本でのネットワーク作りにも活用できます。もしあなたが、すでに日本でこのネットワーク作りをしているのなら、アメリカでもやれるでしょう。

英語に自信がない人もいるかもしれませんが、スポーツや趣味には、その世界だけで通用する〝共通言語〟があるはず。それに、その場に集まる人は自分が楽しんでいるスポーツや趣味を一緒に楽しむ仲間が欲しいはずですから、英語力よりも求められるのは〝情報〟であり、〝楽しむ気持ち〟だと思いませんか?

また、私は自分を大きく見せることはせず、等身大のままで相手にぶつかりました。英語には、オーセンティック(authentic)という言葉があり、日本語に訳すと「自然」「嘘偽りない」という意味で、アメリカではこのオーセンティックな人がとてもウケます。これはアメリカに限らず、どの国にもいえることですが、起業家や経営者、医師や弁護士などは、かなり鋭い嗅覚を持つ人ばかり。そんな人たちの前で、自分を大きく見せたところで、簡単に見抜かれてしまいます。そのような人たちだからこそ、自然体で振る舞えるかどうかが大切なのです。

私のゴルフクラブ通いは、1年を過ぎたあたりから、定期的に通うことはなくなりました。それは事業に手応えを感じ始めたからです。そして、リベンジ渡米をして3年後には、しっかりと事業の継続ができる確信を持てるまでになりました。

繰り返しになりますが、私が2度目の渡米を決意し、ロサンゼルスに降り立ったとき、貯金はたった300万円。300万円あれば、しばらく生活できると思う人もいるかもしれませんが、ロサンゼルスの物価は高く、何をするにも日本とは比べ物にならないほどお金がかかります。300万円あったとしても、それは貯金とは言えないレベル。おまけに、人脈どころか現地に知り合いすらいません。

当時、3人の子供は幼く、うち1人はまだ乳飲み子でした。リベンジの挑戦ですから、失敗は許されません。いうなれば、〝背水の陣〟というわけです。

しかし、そう思えたからこそ、自分にやれることはすべてやると覚悟を持つことができました。そして、余計なプライドを捨て、がむしゃらに動き続けることができたのです。

飛躍のきっかけとなる大型案件を通じて垣間見た「アントレプレナーシップ」

2013年、私は楽天グループ株式会社によるアメリカの物流会社の買収を支援することになりました。

当時、楽天はアメリカのECビジネスを強化するために、物流サービスの立ち上げに乗り出そうとしており、この買収が成立すれば大きな飛躍につながることは明白です。私は買収を成立させるため、全米の物流会社を調べ上げ、買収候補となりそうな可能性のある会社をピックアップし、アポイントを取って直接その会社の代表、もしくは意思決定者に会いにいきました。いくつもの会社を訪問した中で出会ったのが、Joseph DiSorbo氏です。Joseph DiSorbo氏は、イタリア系のアメリカ人起業家。楽天は、彼が立ち上げた物流会社の買収に成功するわけですが、もちろん最初からスムーズに進んだわけではありません。なぜなら、DiSorbo氏は、この会社に深い思い入れを持っていたからです。

自分が創業し作り上げてきたのですから、買収を拒絶するのは当たり前のこと。しかし、この会社は大きな可能性を秘めており、いずれ大化けするだろうことは明白でした。

DiSorbo氏自身もそれを理解しており、これから伸ばしていくという段階に来て、思い入れのある自社を日本企業に売るなんて、予想だにしなかったでしょう。

DiSorbo氏に最初のアポイントを取ったとき、彼はラスベガス（ネバダ州）にいました。ラスベガスに行くので会ってほしいとお願いしたところ、彼は「30分だけなら」と受け入れてくれたのです。ロサンゼルスからラスベガスまでは、自動車だと4～6時間、飛行機だと1時間です。私は大きなチャンスが来たと考え、躊躇なくラスベガスへ向かいました。ラスベガスでは、30分の予定がまさかの3時間に延び、DiSorbo氏と私は濃密な時間を過ごします。もちろん、初対面でDiSorbo氏の気持ちが変わるはずもなく、彼は自社を手放すことはまったく考えていなかったでしょう。

しかし、なぜか彼は私の次のアポを受け入れてくれました。日本人と話すのが面白いと思ってくれたのか、その辺りはわかりませんが、彼とのアポイントメントは、それから半年あまり途切れることはありませんでした。

この期間、私はDiSorbo氏と様々な話をしました。もちろん、私のミッションは彼の会社を買収すること。その件については言葉を尽くして説明し、時間をかけて説得し続けました。その一方で、彼のことを知れば知るほど、DiSorbo氏は根っからのアントレプレナーであると感じていたのです。

アントレプレナーシップの真髄を体感した

アントレプレナー（Entrepreneur）とは、起業家や経営者、事業家を意味します。単なる経営者というよりは、ゼロの状態から事業を起こすという意味合いが強く、優れた創造性やチャレンジ精神、ゴールへの情熱をもって、率先して社会問題解決やビジネスの仕組み作り、仕組みの変革などを行う人物と位置付けられています。独自性のあるビジネスアイデアやテクノロジーを活用し、新たな市場を切り拓く人物が多いのですが、日本語だと〝創業者〟が近いかもしれません。DiSorbo氏は典型的なアントレプレナー。言葉の節々や彼の発想、考えに、アントレプレナーシップ（起業家精神）の神髄を垣間見ました。

アントレプレナーは、誠実な人柄と高い志を持っていること、自分の事業活動において絶対的な自信を持っていること。

何より、率先して動く姿勢を持ち続けなければなりません。DiSorbo氏はその全てを持っており、私は彼と過ごすうちに、会社をゼロから立ち上げ、それなりの規模に育てていくために大切なことを、体感レベルで教えてもらうことができたのです。そして、彼の人となりを知れば知るほど、アントレプレナーの理想像として、心から彼を尊敬するようになりました。

出会いから半年後、DiSorbo 氏は自分の会社を売却する契約書にサインしました。この契約により、私は大きな成功をつかむことができ、それまで私の中にあった「根拠なき自信」を、他者から見てもわかる「確固たる自信」に変容させることができました。そして、次々に仕事を取れるようになったのです。

私がこの成功をつかめたのは、もちろん楽天グループ株式会社が仕事を与え続けてくれたからですが、DiSorbo 氏との出会いにより、アントレプレナーとしての考え方を理解し、自分の中に落とし込めたことが大きいでしょう。私の成功要因を占める大きなひとつが、DiSorbo 氏との出会いであることは、間違いありません。

自分年表と共に紐解く、国内外での生活で身についたこと

さて、ここまでアメリカへの再挑戦について伝えてきましたが、「ファウンダー思考」を身につけるまでの私の人生についても振り返っておきましょう。ファウンダーに必要な6つの武器をお伝えする前に、私がどのような人間か、また私のバックボーンを知っていただくことで、よりリアルに様々なことが伝わるのではないかと思うからです。

「自分の意見を発信する」「信念に基づき行動する」が身についた学生時代

1972年に神奈川県鎌倉市で生まれ、新聞記者だった父親の仕事の影響で、小学校はロンドンとニューヨークの現地校に通いました。いわゆる〝帰国子女〟です。自然に異文化になじむ術は身につけていたと思います。転校のたびに全く違う環境に置かれますから、基礎的な生活力と適応力も身についたと感じています。

自分年表

1972年	神奈川県鎌倉市生まれ
1979年	新聞記者だった父親の海外赴任に帯同し、ロンドンへ
1982年	父親の転勤にともないニューヨークへ
1986年	私立中高一貫校の駒場東邦中学校・高等学校に編入学
1991年	慶応義塾大学環境情報学部入学
1995年	総合商社・日商岩井に新卒入社
2000年	日商岩井を退職、外資系コンサルティング会社（デロイトトーマツコンサルティング）に就職。結婚
2002年	フリーマーケッツ（現・SAP Ariba）の日本法人に就職。第一子誕生
2005年	第二子誕生
2006年	IT企業のクラステクノロジーに就職
2007年	クラステクノロジーのソフトウェアを売り込むため渡米も、半年で帰国
2008年	日立コンサルティングに就職。グローバル案件を担当
2011年	Hitachi Consulting Corporation (USA)に転籍
2011年	第三子が誕生
2012年	アメリカへ家族と共に移住
2012年	EXA Partners, Inc. をNewport Beach, Orange County, CAに設立
2013年	楽天による米国・物流会社Webgistix買収を支援
2016年	Exa Innovation Studio, Inc.に改名
2018年	Exa Innovation Studio, Inc.の北米オフィスをEl Segundo, Los Angeles County, CAに移動
2018年	Exa Innovation Studio株式会社を設立
2019年	自社スタートアップとして「Shikohin, Inc.」を創業
2020年	0→1の新規事業開発インキュベーター「E-studio LLC」を設立して社長就任

中学1年生の時に日本への帰国が決まり、日本の中学に編入学しました。私は日本社会になじむことに必死で、「1つでも尖った個性があれば、一目置かれる存在になれる」と考えていたことを覚えています。そこからは自ら設定した役（キャラクター）を学校生活で演じ続けていたわけですが、自分を偽ったところで意味がないと思うようになったのは大学入学後のことです。

大学は、慶應義塾大学湘南藤沢キャンパス（通称：SFC）に進学しました。SFCは、多様で複雑な社会に対し、テクノロジーやサイエンス、デザイン、ポリシーを連関させながら問題解決をはかるために設立されました。

通常の大学カリキュラムとは異なり、既存の学問の枠にとらわれることも、学年により区別されることもなく、自由に科目選択をすることができます。本人が望めば、1年生から研究会に参加することができますし、取り扱われている研究分野は多種多様です。SFCでは、自分自身の意見を言うことが重視されました。欧米でもそのような教育がメインのため、幼少期を欧米で過ごした私にとってはなじみやすく、自分が伸び伸びと過ごせるようになったと感じました。SFCで学んだことで、私はそれまでに作り上げた殻を脱ぎ捨て、「自分の意見をしっかりと発信する」「自分の信念に基づき行動する」という2つの強みを得ることができたと考えています。

総合商社を飛び出し、外資系戦略コンサルや外資系ベンチャーに転職した

私のファーストキャリアとなったのが、総合商社である日商岩井株式会社です。ある意味、日本らしい体育会的社風を持つこの会社では、私の率直な物言いが生意気ととられることが多々ありました。

「先輩に好かれることが大事」という文化があり、先輩に気に入られるために日本の歴史小説を読み漁ったことを覚えています。歴史小説から得る情報は面白く得たものは大きかったのですが、この会社独特の社風や文化、環境に適応するのは異常に大変だと感じていたのも事実。

その中で、私にとって大きな糧となったのは、イエメン共和国、グアテマラ共和国、エジプト・アラブ共和国、トルコ共和国などでのプロジェクト。今までの常識が通用しない、異国の地に出張し、現地での仕事を通じた経験です。

次に働く場所として私が選んだのは、外資系戦略コンサルティング会社です。この選択

は、伊藤忠商事出身の経営者からアドバイスを受けてのものでしたが、結果的に大きなプラスになりました。なぜなら、総合商社時代には知り得なかったビジネスの仕組みを一から学ぶことができたからです。

実は、この転職には私なりの目論見がありました。私の「海外挑戦」への足掛かりにするつもりだったのです。

しかし外資系の日本法人は、日本で営業をするための組織ですから、海外から呼ばれる機会はありません。目論見が外れたからでしょうか。この頃から、私の「海外挑戦」に対する目標は熱を帯び始めました。そして、「40歳までに独立しよう」と、具体的な目標を掲げるようになったのです。

海外挑戦の夢が捨てきれない私が次に選んだのは、外資系ベンチャー企業でした。アメリカで作ったソフトウエアを日本で販売するという仕事だったのですが、この仕事は「個の力」が試される傾向が強く、独立を考える私にはぴったりでした。

私がそれまでに培ったネットワークを存分に活かしながら、強みの一つである勇気とガッツで活発に動き回りました。

私なりに確立した方法と、良き先輩から教わり身につけることができた、顧客の課題を徹底的に聞いて把握し、その課題解決（ソリューション）の方法を説明するという正攻法を組み合わせたところ、面白いように契約が取れ、成績は伸びる一方です。ついには、一度のボーナスで2000万円を支給してもらえるほどにまでなり、トップのビジネスマンだけが会員になれる「プレジデントクラブ」にも招待してもらうことができました。

また、私はこの頃に多くのビジネス書を読み込み、仕事に活かすようになりました。様々なタイプの書籍に出会いましたが、強く印象に残っているのが、『Getting to Yes：ハーバード流交渉術』や、『Selling to VITO（The Very Important Top Officer）』などです。これらの書籍から学んだことは多く、それは今の私のビジネスを支える礎となっています。

組織で学んだ営業開拓（マーケティング）の基礎知識

2度目の渡米では、ロサンゼルスのゴルフクラブで人脈構築の突破口を見出し、それを足掛かりに12年間、アメリカでビジネスをしてきたわけですが、私の活動を支えてくれたのは、日本の組織で学んだ営業開拓の基礎知識です。これがなければ、今の私はいないでしょう。

営業開拓の基礎となるのは、理由を作り、相手に直接会うこと。営業では、お客様の抱える課題や悩み、人によってはプライベートなことも含め、徹底して話を聞き、本音となる部分を引き出すことが大切です。

考えてみてください。メールで数回やり取りをしたり、電話で話しただけの相手に、大切なことを話せますか？　私には無理です。だからこそ、「対面営業」なのです。

自分の持つ情熱や、相手のことを知りたいと本気で考えていること、できることは何でもしたいと思っていること、真摯に向き合いたいと望んでいること、これらはメールや電話ではなかなか伝わりません。特に意思決定者がオンライン世代ではないのなら、余計に響きにくいものです。

対面で会う機会を作り、相手の話にじっくり耳を傾けながら、一つひとつのことに思いを込めて話せば、多少のタイムラグがあっても伝わる人には伝わります。そこに多くの言葉は必要ありません。

一度話を聞かせてもらえたら、タイミングを逃さないよう、聞いた話に対しての解決案を提示できるようにします。この時に、なぜその製品またはサービスが良いと思ったのか、相手の状況に当てはめ明確に説明できるようにしておかねばなりません。きちんと自分の考えを整理する必要があります。

2回目のアポイントメントでは、商品やサービスを提案した後に、さらにお客様の率直な意見や要望を徹底的に聞きます。そしてまた提案を考え、次のアポイントメントに持参して伝え、さらにお客様の話を徹底して聞く。それを繰り返すことで、お客様が抱えている課題の本質がわかるようになります。そのため、仮説レベルでも構わないので、課題や悩みを解決する提案書を本格的に作成して持参します。

対面営業でやるべき3つのこと

対面営業の強みは、信頼感を得やすいことです。実際に会って、直接話すと相手側の雰囲気を感じ取ることができるため、安心感を抱きやすいのかもしれません。コロナ禍を経て、非対面の営業スタイルが浸透してきましたが、クロージングのしやすさは対面営業が圧倒的に上。非対面営業に比べ、物理的な効率性は低いかもしれませんが、対面営業にはそれを超えるメリットがあるのです。

そこで、対面営業でやるべきこと3つを挙げておきましょう。

①営業に行く会社の人間関係相関図を作る
②徹底的に話を聞く
③課題解決の提案書を作成し、提示する

常に、この3つを繰り返します。1回目のアポイントメントの際に相手のオフィスに行くことができれば、私は相手チームの相関図を作成するようにしています。

相関図には、「意思決定者（決裁権を持つ人）」、「サポーター（味方）」、「ニュートラル（敵でも味方でもない人）」、「（契約に対しての）敵」は誰なのかを書き込みます。もちろん一度行ったくらいではわからないことも多いですが、相手側の担当者にそれとなく聞き出したり、サポーターやニュートラルとおぼしき人に聞いたりしながら、相関図を完成させます。簡単には作れないかもしれませんが、相手の相関図を知っておくことは営業をする上で大きな武器になりますから、工夫をしながら作成しましょう。

大切にしてほしいのは会話です。何気ない会話の中に、大きなヒントが隠されています。

会話相手は担当者に限りません。どこからどのような話が聞けるかはわかりませんから、受付や事務職の人などとも、しっかりとコミュニケーションを取っておきましょう。

また、相関図の作成は相手側が自分に対してどのような考えを持っているかを言語化することにつながります。それを整理しておくことで、どのような話の持って行き方をすればスムーズかがつかめるようになり、戦略が練りやすくなるので、トライする価値は十分にあります。

最後にすべきは、お客様の課題に対して、解決するための提案書を作成すること。それには、相手の本音を聞き出す必要がありますから、1回や2回で完璧なものは作成できません。敵を避けながら相手のニーズを聞き出し、落とし込む。それを元に、徹底した課題解決の提案書を作成し、提示する。これを繰り返していけば、契約は面白いように取れるはずです。

コミュニケーション能力が高い人にしかできないのでは？　と考える人もいるかもしれません。ですが、日本の営業職はみんなこれをしています。なぜなら、これが日本の営業開拓の基本となる部分、つまり基礎知識にあたるからです。もしも難しく感じるのは、単に慣れていないから、したことがないからかもしれません。

少し厳しいことを述べるなら、本当に人生を懸けて起業をするつもりなら、「苦手」「イヤ」と言っている時間はないと肝に銘じましょう。


さらに、起業をするにあたり、絶対に要らないもの。それはプライドです。日本でどれだけ実績を挙げようと、国が変われば、実績とは認めてもらえません。仮に異なるマーケットでの実績を披露したところで、何がすごいかが相手にはわからないでしょう。もし話を聞いてもらえたとしても、契約に至るわけでもありません。

だからこそ余計なプライドは捨ててしまいましょう。プライドほど、自分の成長の妨げになるものはありません。余計なプライドを捨て、ゼロから出発すべく、武器を持って実装し、勇気と行動力、覚悟を持ってネットワーク作りから始める。

それらを全て、ありのままの自分で、好奇心を持ちながらできるかどうか。起業に必要なのは、これ以外にありません。

ホームランを狙いにいき、見事に失敗したアメリカ初挑戦

少し話は戻りますが、前述したように外資系ベンチャー企業で圧倒的な成果をつかみ、強い自信を得た私は、長年の夢である海外挑戦を決めました。日本人の先輩が開発したソフトウエアをアメリカで売り込む事業に挑戦したのです。

この時は、ジェトロ（JETRO）の「Tiger Gate Project」も活用しました。これは行政により進められていたベンチャー支援策で、ITやナノテクノロジーなどのハイテク分野において、独創的な技術を持った日本のベンチャー企業の海外進出を支援してくれるというもの。そんなジェトロの支援も得られたので、自分なら絶対に成功できるという気持ちで渡米しました。

その頃の私は、外資系ベンチャー企業で培ったセールス力が自分の強みと考えていました。コンタクトさえ取れれば、あとはこの強みを活かして順調に仕事を得られると考えていたのです。しかし前述したように、結果は失敗に終わりました。

ホームラン狙いでアメリカに渡ったはずが、1本のヒットを打つことさえままならず、

見事に失敗して帰国することになりました。

失敗した要因は数えきれないほどあると思いますが、自分で分析してみると、どう考えてもプロダクト（ソフトウエア）に問題があるとは思えません。ということは、敗因は間違いなく私自身にあるのです。

結局のところ、私自身が当時のマーケットにフィットしていなかったこと。それ以外に大きな要因がないことは、疑いようもない事実だったのです。つまり、私が武器になると考えていたことが大きく外れていたのです。さらに、「武器さえあれば何とかなる」という私の思い込みによる過信があり、事前準備が見当はずれだったことも、失敗を加速させた要因といえます。

アメリカ再挑戦のために、やり尽くしたこと

悔しい気持ちのまま帰国しましたが、私の心は折れていませんでした。失敗の要因につ

いて考えない日はありませんでしたが、しばらくすると新規事業立ち上げには、それに見合ったノウハウと武器を準備しなければならなかったと確信します。そこには、外資系ベンチャー企業で培ったものは該当しません。

それよりもっと大切なこと、例えばアンカークライアントを作っておくことやリレーションシップ、ネットワーク作りなど、日本では会社が用意してくれるものを新規事業を立ち上げるためには、自分で用意しなければならないことに気づいたのです。ここは、深く反省すべきところでした。この覚悟を持たずに外国で事業を起こすなんて無謀でしかない。今ならそう断言できますが、当時は気づくことすらありませんでした。

「40歳までに、もう一度アメリカで挑戦し、成功を収める」

こう決断した頃に、私は縁あって日系のコンサルティング会社で働き始めました。しかも、運良くグローバル案件を任せてもらえるポストに就いたのです。

最初の3年間、海外出張はありませんでしたが、その間に私は自分の足りないところをじっくり見直す時間を取りました。4年目以降は海外出張数が増え、アメリカに行く機会を得られるようになり、そこでアメリカのアントレプレナーたちと知り合うことができました。私は彼らに、「ファウンダーとして必要なこと」「成功（失敗）した理由」をしつこく聞き回りました。

もちろん最初からスムーズに聞き出せるはずはないので、回数を重ね、相手に嫌がられないよう適度に距離を取りながら、じっくりと信頼関係を構築しました。

アメリカ人は、親しくなるといろんなことを教えてくれます。結局、私は2年間で20人ほどのアントレプレナーに会い、様々な教えを乞うことができました。

また、梅田望夫氏の『シリコンバレーは私をどう変えたか』（2001年／新潮社）という書籍に出合い、当時の私が知りたいと考えていたこと、例えばアメリカで成功している人のリアルな生き様やマインドセットを垣間見ることができ、前のめりで読みふけったことを覚えています。

実は、この本を私に勧めてくれたのは父でした。父は梅田氏と面識があったことから、この本のことを知っていたのでしょう。

梅田氏の書籍を読み込み、アントレプレナーたちの話を聞くうちに、「アメリカで勝負するには、やはりアメリカに住んでみないと始まらない」と私は確信するに至ったのです。

そして、本当の意味での〝満を持して〟2度目のアメリカ挑戦を決めました。

ビジネスパートナーと、3つを拠点にスタート

2度目のアメリカ挑戦を決意した私は、私の幼馴染である、方健太郎と手を組むことにしました。彼が Boston Consulting Group Paris 事務所で同僚だった Thibaut Mallet De Chauny とともに、2010年にフランスで設立した「EXA Partners」に私も参画したのです。方とは、他愛のない会話の中で、「クロスボーダーで展開する事業をいつか一緒にやろう」と幾度となく話してきました。

2012年に私がロサンゼルスにオフィスを開設したことにより、アメリカ、フランス、日本の3カ所を拠点に、日本企業の海外事業の立ち上げや拡大の支援、また自分たちのクロスボーダー事業の展開に取り組んできました。

アメリカ再挑戦から12年。ファウンダー思考が次々と結実！

アメリカ再挑戦から、12年が経とうとしています。この間、私は様々なご縁をいただき、多くのことに挑戦してきました。その中の一つが、ウエルネス分野における自社ブランド「Shikohin」の立ち上げです。

自社ブランド立ち上げについては、別の章で詳しくお伝えすることにしますが、もちろんスムーズに進んできたわけではありません。２０１９年12月に創業し、２０２０年春に商品開発に着手したものの、コロナ禍によりパートナー企業が休眠状態となり、振り出しに戻ってしまいます。

しかしファウンダーとして、このような経験は日常茶飯事。相手を信用して任せ、それが上手くいかなくても、めげている暇はありません。２０２１年、新たなパートナーとともに商品開発に着手し、翌年の5月、ローンチイベントを開催したことで、有名メディアに「Shikohin」を取りあげてもらうことができました。これにより、アメリカ国内での認知度アップに成功し、現在に至ります。

「Shikohin」は、発展途上の企業です。したがって「Shikohin」ブランドのコア部分である、日本に代々伝わる天然素材や職人が作るユニークなウェルネス商材を調達するのはファウンダーである私の役割です。

私が情熱を持って生産者のもとを訪れ、買い付けを行っています。ハンドキャリーで段ボール箱5つくらいを携えて飛行機に乗り込み、買い付けした材料を運ぶこともあります。

また、それ以外に取り組んでいるのが、新規事業の立ち上げ支援です。日本企業がアメリカに進出する、もしくはアメリカ企業がブランドの立ち上げをする支援をしたり、メンター的役割を担ったりと、これまで100社以上に関わってきました。

新事業を立ち上げるためには、「ノウハウ」「ネットワーク」「マインドセット」が必要です。好奇心と勇気を持ち、これらに取り組むこと、それがファウンダーに求められると断言していいでしょう。

ファウンダーは単なるアイデアマンではなく、価値を生む実行者となる必要があります。そのための覚悟を持ち、アントレプレナーとしてのマインドセットについても改めて考えなければなりません。

だからといって、やみくもに行動したり、緻密計画を練ったりすればいいかというと、それも違います。大切なのは、同志を集め、自社ブランドを市場に受け入れてもらい、自社もしくはブランドのファンになってもらうためのストーリーを形成すること。そして、どのようにキャッシュを生み出す勝ちパターンを見つけるか、金脈を確保してどう実行に移していくかが、掲げた目標の実現につながっていきます。

もちろん、途中で大きな問題にぶつかり、ゴールまでの道のりが不透明になることもあるでしょう。しかし、自社が立てた計画を信じ、前進を続けていかなければなりません。

このときに、ファウンダーを成功へと導いてくれるものが、次の章からじっくりと紹介していく「6つの武器」です。

「宝島」「海図」「物語」「同志」「金脈」「実行」――ファウンダーが絶対に知っておかなければならない、これら6つを上手く活用できれば、あなたの事業を支え続けてくれるはずです。

FOUNDER MINDSET

第2章

宝島の発見

新規事業を発掘、発見する3ステップ

新規事業の可能性は「お金を払う消費者が満たされていないニーズ」にある

新規事業を立ち上げるためには必要なことが6つあると、第1章でお伝えしました。

「宝島」「海図」「物語」「同志」「金脈」「実行」

この6つは、私がアメリカでゼロから事業を立ち上げた経験から、欠かせないものだと確信しているものです。本章より、その一つひとつを具体的に紹介していきます。まずは「宝島」の発見から始めましょう。

まず、「新規事業を立ち上げる」とは、世の中に新しい価値を見出し、それを提供して、相応の対価を得ることだと理解してください。

価値を提供して対価を得ることで、事業が作られます。そして大きく成功していけば、しっかりした会社となり、会社に属する人々を養うことができます。さらに、世の中に安定的に供給できる財源サービスを提供することが可能となり、またさらに広がることで大きな事業に育っていきます。

世の中から新しい価値を見出すことを、私は「宝島」と呼んでいます。宝島を発掘するとは、新規事業を興せる可能性があるビジネスを見つけること。そのためには、お金を払う消費者が満たされていなかったニーズを満たすことが重要です。

世の中の大きな変化や流れの中で、消費者が満たされていないニーズとはどんなものか。そのニーズに対して、どのような価値を提供するのか。消費者は他の競合他社を選ばずに、どうすればあなたの会社の商品を選んでくれるのか。

さらには、あなたのサービスがなぜ継続的に選ばれ続けるのか。世の中に新しい価値を提供して、それを定着化させて、一つの事業となるような宝島を、いかにして見つけるか。こうしたことがポイントとなります。

新規事業の立ち上げを目指す人は、アイデアが先行することもあるでしょう。強い意志を持っているのは良いことですが、あなたのアイデアが消費者の満たされていないニーズと合致しているのか、世の中から必要とされているのかをしっかりと検証しましょう。本当にそれがあなたにとっての宝島なのかを確認する必要があるからです。

ビジネスモデルの例

種類	概要
マーケットプレイス	売り手と買い手をマッチングして仲介手数料をもらう
広告	広告媒体を用意して広告主を募り、 広告主から報酬を得る
レンタル・リース	商品やサービスを貸し出して収益を得る
サブスクリプションモデル	月額料金制で一定の価値を提供
フリーミアム	フリーとプレミアムの2段階を用意し、 無料から有料に誘導する
ライセンス	ソフトウェアなどの開発物の使用権を提供して 収益を得る

以下、あなただけの宝島を見つけていただくために、様々な角度から新規事業を成功に導く要素をお伝えしていきましょう。

ビジネスモデルには、様々なものがあります。まずはそれを理解してください。

ビジネスモデルを考えるには「時代背景を知ること」が必須

新規事業を興せる可能性があるビジネスモデルを考えるには、消費者が自分の満たされないニーズに対して、どんな形でサービスを受けてお金を払うのかを知ることから始めます。そのためには、まず時代背景を知ること。今の世の中は、10年前からどのような変化が起きているのでしょうか。

物流

物流において、最近はオンデマンドの時代です。Amazonやeコマースが発展し、多くの消費者がeコマースで商品を買うことに慣れました。なぜなら、現代人はせっかちで、購入したらすぐ届くことを期待しているからです。そのニーズを満たすために、企業は様々な物をオンデマンドの形で消費者に提供しています。

次に、「シェアリングエコノミー」の概念も広がっています。これはモノやサービスを一人で所有せず、モノや場所、スキルを必要な人に提供したり、共有する新しい経済の動きです。モノがあり余り、自分の持っているものを最大活用できてないため、遊休資産をみんなで活用することによって、人々は新たなる収入源を得たり、消費を抑えることを実現しています。

さらに、ワンストップで完了できるプラットフォームビジネスも現代に即したビジネスの形です。毎週毎月、定期的に消耗するものであれば、サブスクリプション（定期購買）モデルにして、顧客に様々なプロモーションを提供することも、理想的なビジネスモデルとして浸透しているといえます。

仮想通貨・金融

コロナ禍のアメリカでは、この3年間で貨幣経済への疑問と様々な技術的な発展によって、仮想通貨やブロックチェーンの概念が広がっています。ブロックチェーンのプラットフォームや、仮想通貨を使った効率的な決済の方法など、商流、金融の世界においても、多くの変化が起きています。

楽しむという概念

かつての日本では、「銀ブラ」という言葉もあったように、人々は銀座の街を歩いて実店舗に行き、買物をするプロセスを楽しみました。

現代はテクノロジーを活用し、様々な情報にアクセスすることが簡単になり、インターネットで商品を買うようになりました。合理的で無駄がなく、より実用的に商品を買えますが、その分、味気なくなったのではないか？　という印象を受けます。ですが、もう一つの側面として「楽しむこと」があるのではないでしょうか。

インターネットで商品を買う場合も、利便性だけではなく、楽しんで買うための取り組みがなされており、その概念を「ゲーミフィケーション」といいます。例えば、苦痛になりがちなダイエットにゲーム感覚を取り入れて楽しく取り組むなど、楽しくゲームのように何かをやることが非常に重要視されています。

また、ユーザーに提供するだけではなく、ユーザー自身が作る、ユーザー作成型のコンテンツ、ユーザージェネレイテッドコンテンツも盛り上がっています。それによって、企業の提供する価値に対して、ファンとなるお客様が一緒に盛り上げていくような取り組みが広がり、新たなビジネスが生まれています。

社会背景、デモグラフィー、環境、スマートシティ、エネルギー、生物経済

今、世の中で何が起きているのか、様々なビジネスモデルがあることを理解している人は、それが世の中で起きているパラダイムシフトだと考えます。「パラダイムシフト」とは、その時代や分野において、当然のことと考えられていた認識や思想、社会全体の価値観が革命的、もしくは劇的に変革されていることをいいます。要は、社会背景や時代の流れを

常に読み解くことが大切だということです。

次の段階が、デモグラフィーです。「デモグラフィー」とは、社会を構成する人の数と、その増減で性別年齢別の構造に生じる変化や、経済の関係の研究のこと。人口動態、まず高齢化は間違いないので、バリアフリーや障害者対応に対しては、どんな仕組みや制度を作っていくのでしょうか。インフラを作っていくのか、補助となる商材を作っていくのかなど、高齢化だけを考えるのではなく、世代によって考えが異なってくるので、ベビーブーマー世代、ジェネレーションX世代、ミレニアム世代、Z世代など、年代によっても考え方が異なることを意識する必要があります。

人々の生活スタイルはどうでしょうか。都市化や地方の過疎化といわれて久しいですが、現代の日本では移民政策が進まない限り、人口は継続的に減り、今後も核家族化は否めないでしょう。

次に環境の観点から見てみましょう。車でいうと、世界的に電気自動車への移行が進んでいます。生活スタイルにおいても、スマートシティ、スマートホームが当たり前となってきました。スマートシティとは、都市を一つの単位として、ＩＴや環境技術などの先端技術を駆使して、街全体の電力の有効利用を図ることで、省資源化を徹底した環境配慮型都市を作ることを指します。これはスマートホームやＡＩ（人工知能）、ＩｏＴ（Internet of Things＝モノのインターネット）などを活用した住宅の普及にもつながります。そういったところもしっかり理解していく必要があります。

またエネルギーにおいても、多様化が見られます。化石燃料ではない新しいエネルギー、ソーラーや風力、太陽光発電、バイオマスなど、クリーンエネルギーの流れも止まりません。圧縮着火エンジン、ディーゼルはどうなっていくのか、見守っていく必要があります。同時に、地球温暖化も無視できず「二酸化炭素排出ゼロエミッション」も進めなければなりません（※ゼロエミッションとは、人間の活動から発生する排出物を限りなくゼロに近づけるために、1994年に国連大学によって提唱されたコンセプト）。

バイオエコノミーや生物経済など、最近、日本でも話題になったコオロギを食べたりする、昆虫食が流行るということも今後の動きとして考えられます。バイオエコノミーとは、再生可能な生物資源（バイオマス）やバイオテクノロジーを活用し、持続的で再生可能性のある循環型の経済社会を作っていくことで、生物経済とは、遺伝学、分子生物学、生物化学等と、それらの応用技術を活用した経済活動全般を指します。

政治的、世界的に見る

政治的に見たらどうでしょうか。米中問題、台湾問題、欧米および同盟国対中国や、ロシア対ウクライナ問題、中東におけるパレスチナ問題など、日本のことではなくても、世界的に何が起きていて、どのように経済に影響しているかも知っておくべきでしょう。高齢化社会の中で、医療ヘルスケア革命が起きています。グローバル化が進み、発展途上国における生産効率は急速に向上しています。民族性重視主義もあり、今後はアフリカが台頭し、人権問題、ダイバーシティ及びインクルージョンも大切です。国際情勢に対しても、きちんとアンテナを張っておきましょう。

ライフスタイル

人々のライフスタイルにも目を向けてみましょう。日本では当たり前だと思われている複数の交通手段を使った効率的な移動手法である、マルチモーダルモビリティが、世界的な地球温暖化の流れの中で注目されています。「マルチモーダルモビリティ」とは、ルートや移動手段を検索して、料金の支払いや予約までを行うことです。所有から共有へ所有権の概念が変わり、これまで便利だと思っていたものは人それぞれのライフスタイルに合っているのかを再考するステージに入ったといえます。

今や、個人の情報があらゆる方法で獲得できますから、一人ひとりに合わせて、特別に対応してもらえる印象を残すような体験を与える仕組みや、人々が特別に扱われているように、その人がアクセスするインターネットの画面を、その人用にカスタマイズするユーザーインターフェース、レターや返信用ハガキ等に個人の名前を印刷するなど、個人を大切にするパーソナライゼーションを提供する方法もあります。

また、モノを持たないミニマリズムや、その扱い方が大きな社会問題になっているソーシャルメディア。日本、欧州、アメリカは子供よりペットの数が多いといわれていますが、ペットへの愛情や投資、ブランドの多面的な展開、自然主義、オーガニックなど、ライフスタイルにはまだまだありますが、これらも全て考えないといけません。

マルチタスク、双方向のコミュニケーション

現代人の生活は、1日24時間ではなく、平均31時間以上、何かの活動に取り組んでいるという分析レポートがあります。一度に複数の仕事をこなす並行作業を行うマルチタスキ

ングや、スマートフォンや他の通信機器への連続的なアクセスによって、常に何かにつながり、会話している双方向のコミュニケーションが今の世の中の人々の生き方なのです。そこから生まれる何かしらのビジネスは、無限大なのかもしれません。

健康

健康問題も忘れてはならないでしょう。慢性疾患や、肥満、心臓発作、糖尿病などの生活習慣病や、何種類かのガンが、過去には見られなかったレベルで広がっています。病は気からといわれますが、日々の生活、安全に対するストレスなど、人は常に病気と隣り合わせの人生を生きています。遠隔治療、遠隔作業支援、予防治療やライフログの例でいえば、赤ちゃんが生まれると配布される母子手帳を電子化することで、自分の人生におけるデータが全部格納されたライフログにできるようなこともあります。

科学

科学的な観点では、ＡＩの発展があります。動物の認知、言動、考えを司る神経系に関する研究を行うニューロサイエンス。生物の構造や機能、生産プロセスから着想を得て、新しい技術の開発やものづくりに活かすバイオミメティクス、遺伝情報と遺伝子について研究するゲノム科学、ＤＮＡバイオ科学、新たな化学物質など、そういったところまで掘り下げていかないと、今や事業として差別化できない時代に入っています。

データを活用する。IoT、ブロックチェーンで解析

技術的発展では、自動運転がレベル4まで来ました。そこから得られる様々なビッグデータ分析も必要です。データを活用するという観点では、ＩｏＴ技術や、生体データを獲得するためのセンサー技術を活用した様々なビジネスが開発されています。

ビットコインの中核となるブロックチェーン、仮想現実とも呼ばれ、デジタル世界に没入したような体験ができるＶＲ、人工知能などの自然処理言語機械学習、人間の神経細胞の仕組みを再現したニューラルネットワークを用いた深層学習も考えられるでしょう。センサー、スマートフォンの顔認証や、生産工場での不良品自動検知システムなどの画像認識、ＶＲ・ＡＲ、ハプティクス技術、脳と情報通信機器をつなぐブレインマシンインターフェース、人間とのコミュニケーションを主眼に置いたソーシャルサービスロボット、有

機ＥＬなど、様々な技術発展があります。

衣食住、人々の健康、そして未来、次世代の新規事業を考え、成功させるためには、ここに挙げたものをさらに詳しく、ひいてはもっと幅を広げて俯瞰的に見ていくことが必要です。まずは、あなたのできることと次世代に必要なもの、しっかりと掛け算で考えていきましょう。

新規事業ビジネスモデルの事例

新規事業の可能性があるビジネスモデルを、一つ紹介します。

「弁当屋」――ある冷凍食品メーカーが、弁当屋を運営しています。弁当ビジネスとして、ある程度の型を作り、それなりに儲かっていますが、人々の生活習慣やライフスタイル、好みの変化などで、売上が落ちてきているのも事実。なかなか今の若者や健康マニアの人たちへの取り組みができていないのが現状です。そこで、最新技術の活用方法などを調べたところ、最近の人々はスマートフォンやスマートウォッチで体温や血糖値レベル、睡眠など自分の健康状態を定期的にチェックしていることがわかりました。

「先端技術の開発」——東京都大田区のある工場で、面白い先端技術を開発する中小企業があります。その会社は、体内の血糖値レベルやプリン体レベル、炭水化物レベルなど、身体の状況および食物に混ざっているものの両方を検知してくれる技術を持っています。

「新規事業ビジネスモデル」——弁当屋と、その企業とが提携すれば、お弁当を購入するユーザーに対して、弁当メニューを、健康を気にする人々のカテゴリに分けてカスタマイズすることができ、新たなビジネスモデルが構築できます。そこまでやるなら、個々に買ってもらうのではなく、週に3回は必ず買ってもらうためのサブスクリプションモデルを考えました。ウェブ上で、健康を気にする人々に向け、食べ物改善を提案し、食べ合わせの良さを教育コンテンツとして提示します。さらに栄養士を入れてコンサルティング部門を立ち上げれば、ただの弁当屋から、ユーザーの健康をオンライン、オフラインを駆使して支えていく会社に生まれ変わることができます。しかも、その部分は開発会社が持つコンテンツですから、自社で開発する必要がありません。

また、技術開発会社としては、自社の研究および開発したものに「健康」と「食べ物」の両方からアプローチできる食品会社と提携できるので、費用面で合意することができれば、互いにＷＩＮ－ＷＩＮの新規事業ビジネスモデルとなります。

宝島を発見するためのマインドセット

あなたが新規事業を考え、宝島を発見したいと考えているならば、全てとはいわないまでも、先に挙げた多くの情報が自然と事業内容に入ってきているはずですし、入っていないといけません。あなたは、時代がかなり進んでいることに驚いたのではないでしょうか。これらの情報は、日常的に意識しておくと自然に脳にインプットされます。アンテナが立っていれば、日々の生活の中で、新聞や雑誌、YouTubeなどのメディアに触れたときにも感度が高くなります。新規事業を見つけたい人は、この繰り返しができる脳の使い方を身につけてください。

とにかく興味を持つこと。好奇心を持つことです。世の中で起きていることに常に興味と関心を持ち、俯瞰して物事を見ながら、それが自分の人生にどのように影響していくかを真剣に考えましょう。そうすると、次は優先順位から考えるべきか、それともやりたいことに合わせて考えていけばいいのか、疑問が出てきます。

大切なのは優先順位ではなく、頭の使い方です。まずは、この10年間、世の中がどのような形で変化し、発展してきたかをしっかり考えるのです。ここ数年の間に起きた世界的パラダイムシフトといえば、やはり新型コロナウイルスの流行でしょう。たった1つのウイルスは、瞬く間に世界に広まり、各国をガラリと変えました。北米でいうと、急速なオンライン化の普及、衛生面における価値観の変容、商流や物流の大きな変化などが起こりました。

世界的パラダイムシフトは他にもあり、最近ではロシア・ウクライナ戦争もそうです。これにより各国のエネルギー事情は大きく様変わりし、各国がエネルギー確保に追われているニュースを見かけます。日本の場合は、火力発電の燃料となるＬＮＧ（液化天然ガス）

の確保に苦慮しているため、電力不足が深刻化しています。脱炭素を進めなければならない一方、日本特有の気象事情もあって、エネルギーを安定調達しなければならず、対応は簡単ではないでしょう。あまりにも高額な電気料金に、一部では原発再稼働を求める声も上がり始めています。

また、深刻な電力不足は人の生活スタイルも変えつつあります。かつてないほどに「節電」の意識が国民の間に広がり、生活スタイルを大幅に見直す人も増えています。しかし、その一方で、国全体が混乱し、大きく揺れ動いている間にも、新しいニーズにマッチした新事業がたくさん生まれているのも事実です。

繰り返しになりますが、パラダイムシフトは、人の生活を根底から変える、もしくは破壊する力を持ちます。それにより、人々の持つ価値観は大きく変容し、ニーズも大きく変えていきます。ファウンダーは、その変化や新しく生まれたニーズをいち早く、かつ正確につかまなければなりません。なぜなら、そこに「宝島」があるかもしれないからです。そのためには、どのような要素が世の中を変えているのか、あらゆるジャンルの出来事に興味を持ち、能動的に情報を取得、理解しておきましょう。

このように書くと、大変な作業のように思うかもしれません。あらゆるジャンルの情報をチェックするということは、果てしなく時間がかかるように感じる人もいるでしょう。しかし、視野を広げチェックを習慣化することで、そのこと自体が苦にならない脳の使い方ができるようになります。そうなれば、自然と情報をキャッチするようになり、多角的に世の中を見ることができるようになります。視点が増えるということは、価値あるアイデアが生まれやすくなるということ。

また、多角的に物事を見ることができれば、判断のスピードも早くなりますから、やる価値は十二分にあります。

世界的に、技術や情報が新しいパラダイムシフトを生んでいることを日々意識し、その情報を新規事業にどう活かせるか、常に考えるマインドセットが必要です。宝島を発見するためには、このマインドセットを忘れないこと。それが全てです。

宝島を発見し、新規事業を生み出す3つのステップ

新規事業という宝島を発見するまでには、大きく分けて3つのステップをたどると私は考えています。本項では、宝島を発見するまでのステップを、順に紐解いていきます。

ステップ① 最新トレンドやパラダイムシフトの理解

宝島を発見するためのステップ①は、ここまで伝えてきた、世の中の変化、パラダイムシフトを「鳥の目・蟻の目・魚の目」で見て理解することです。まず「鳥の目」で、俯瞰して物事の全体像を捉え、蟻の目で、一つひとつの細かい技術や機能の変化を理解します。そして「魚の目」で、時代の変化を捉えて、一つひとつの流れを生むパラダイムシフトの技術やビジネスモデルなど、様々な動きを整理しましょう。

あなたのやりたい事業が、本当にお客様の満たしたいニーズと合致しているのかを見出し、検証する時にヒントとなるのはパラダイムシフトです。

人々の満たされないニーズが発生することで、世の中に大きなトレンドが生まれます。その時に発生するニーズを理解して、つかみ取る必要があります。どんな要素が世の中を変えているのか、パラダイムシフトを喚起する要因を調べ、なるべく的確に理解して整理した上で、あなたがやりたい仕事が世の中やお客様のニーズに合っているのか、いないのかをしっかりと見極めましょう。

ステップ②ライバルに負けないネタ帳を作る

宝島を発見するための第2のステップでは、一つひとつのパラダイムシフトが、あなたのビジネスやりたい領域において、どのような影響を及ぼすかを整理し、ニーズを調べます。このステップでは、最初に様々なパラダイムシフトを洗い出す必要があります。パラダイムシフトは、時代背景、環境、政治的要素、社会的要素、科学的要素、エネルギー、IT、ライフスタイルなど、様々な要素によって引き起こされます。ビジネスを構築していく上での収益モデルも、様々な角度からマクロ的に捉えてみましょう。

まずは、新規事業の可能性と、どのようなビジネスモデルがあるのかを理解してくださ

分類	パラダイムシフトドライバー	重要度	会社に与える影響（示唆・仮説）
ライフスタイル	日常生活環境に対する不安（ストレス、騒音）	★	
	生活安全に対する不安（窃盗、テロ）	★	
	遠隔医療	★	遠隔治療における薬及び医療機器の配送
	ペットへの愛情	★	
	自然主義 / オーガニック	★	原産地情報の見える化
	マルチタスキング（複数処理を同時に実行）		
	マルチモーダル・モビリティ		
	慢性疾患の台頭（肥満、心臓発作、糖尿病、何種類かのがんなど）		
	ライフログ		
	予防治療		
	スポーツ・フィットネスへの意識		
	サブスクリプション（対・所有）		
	ブランドの多面的な展開		
テクノロジー	自動運転	★★★★	自動運転トラック
	ビッグデータ	★★★★	
	ブロックチェーン	★★★★	複雑なグローバルサプライチェーンへの適応
	モノのインターネット化	★★★★	
	ブロックチェーン	★★★★	ブロックチェーンを活かした情報収集・分析
	機械学習	★★★	
	深層学習	★★★	AIを活かした物流
	センサー	★★★	
	画像認識	★★★	形態・サイズ（L×W×H）の把握
	運搬管理ロボット	★★★	
	蓄電池	★★	自動化システムの効率的運営
	ワイヤレス充電	★	
	ウェアラブル		

ロジスティクス業界におけるパラダイムシフトの例

分類	パラダイムシフトドライバー	重要度	会社に与える影響(示唆・仮説)
人口動態	ミレニアム世代 / Z世代	★★★★	スマートフォン対応の物流システム
	出生率の低下	★★★★	
	高齢化社会	★★★	高齢者向けの配送・再配送システムなど
	都市化	★★	
	バリアフリー / 障がい者対応		
環境	電気自動車	★★★★	
	地球温暖化	★★★★	エコフレンドリーな配送手段
	CO^2排出/ゼロ・エミッション	★★★★	
	廃棄物減量化	★★★	リサイクル・エコフレンドリーな物流
	新エネルギー	★★	
	ディーゼル		
	バイオエコノミー(生物経済)		
地政学 / 社会	グローバル化	★★★★	クロスボーダー物流の増加
	サイバーセキュリティ	★★★	
	組織における人種の多様化、各種規制の複雑化	★★★	コンプライアンス、法的手続きへの影響
	発展途上国	★★	
	医療 / ヘルスケア革命		
	民族性重視主義		
	アフリカの台頭		
	人権		
ライフスタイル	シェアリングエコノミー	★★★★	Uberなどスタートアップ企業の新規参入
	パーソナライゼーション	★★★	
	双方向性	★★★	物流の見える化、双方向の物流システム
	スマートフォンや他の通信機器等への連続的なアクセス	★★★	
	ソーシャルメディア	★★★	クレーム・炎上対策
	ユーザーエクスペリエンス / ユーザーインターフェース	★★★	
	遠隔作業	★★	オフィス備品などの自宅への配送

い。その後、ピックアップしたカテゴリの中で、自社に置き替えて該当するものを選んでいきましょう。なぜ自社にとって影響があると思ったのかをメモします。すでに取り組んでいる企業をベンチマークして、参考になるところがあればピックアップしていくのです。社会的要素、ライフスタイル、都市化など様々なカテゴリの中で、高齢化、少子化、双方向化、社会環境、自然環境への不安など、自社に該当するものを選び出しましょう。

次に、重要度をランク付けします。「高」「中」「低」、または「○」「△」「×」、さらに「1~5段階評価」など、しっくり来る評価方法で構いません。例として、「高齢化」を選んだ場合、自社に与える影響を「高齢者に対して、使いやすい画面表示をしたほうがいい」「ボタンはもっと見やすい位置に置いたほうがいい」などの仮説が出ます。そこから競合他社は実際に何をしているのかを調べ、得た情報をメモしてください。

本来、同じ業界にいるならば、知っている情報も多いでしょう。例えば、ソニーにいるとしたら、ヤマハ楽器が何をやっているかを知っていてもおかしくないですし、トヨタにいたらホンダや日産が何をしているか調べているでしょう。同業他社の動きに興味を持ち、分かる範囲でメモしておきましょう。

グローバル先進企業は、既存の産業区分や事業形態といった概念を完全に解体して、自社で開発した技術やサービスモデルを武器に、あらゆる領域に積極的に参入し、熾烈な異業種競争を仕掛けています。他業種の業態や商品の枠組みを超えた領域にもアンテナを張り、自社にとって少しでも参考になる情報を全てメモする習慣をつけてください。

イノベーションは、全てが自社から出てくることはまずありません。自社の強みを生かしつつ、他社の強みを参考にすることが賢い戦い方でしょう。だからこそ己をしっかり理解して、敵の状況も掌握すること。敵の強いところはベンチマークして取り入れ、自社の強みを生かしつつ敵に負けない強さも持ち合わせることで、新しいイノベーションになるのです。

さらに、左側に自社にとってのアプリケーションを書き、右側に競合他社が何をしているかをメモしていき、完成させましょう。中央には、自社にとって重要度が高い、インパクトが強いところを書いておき、ブレストを行ってください。ブレストについては、ステップ③でお伝えします。

仮説とベンチマーク）の例

イノベーション事例や業界におけるトレンド
● ターンテーブルの再ブーム ● Facebookによる旧友とのオンライン上での再会
● サムスンは、子供たちが寝る前に落ち着かせるために、子供たちに就寝時の物語を与えるVRヘッドセットを導入
● NextVRは、ライブイベントを表示するためのVRヘッドセットの使用を導入 ● AmpMeモバイルアプリは、友人のデバイス間でストリーミング音楽を同期して、強力なスピーカーと共有音楽体験を作成 ● OSSIC Xヘッドセットは、高度な3Dオーディオアルゴリズムを組み合わせて、信じられないほどリアルな3Dサウンドを作成 ● dearVRは、位置オーディオと超リアルな音響室仮想化のためのプロフェッショナル3Dオーディオエンジン ● MusicMotionは、音楽を使用して芸術、科学、健康を向上させるという共通の目標を持つ人々を集める ● LANDRは、DIYレコーディングのサウンドエンジニアリングに適用される機械学習技術に基づくサウンドエンジニアリング/マスタリングプラットフォームを提供 ● SubPacは、ユーザーがいつでもどこでも物理的に音に没頭できるモバイル/ウェアラブルシステムを提供 ● VOUNDは、「拡張現実」の力と「音波」を組み合わせた3つの特許出願中の技術に基づくウェアラブル技術の新興企業
● Here Oneは、現実世界のサウンドコントロール、ワイヤレスストリーミング、スマートノイズフィルター、音声増幅、サウンドリミックスを提供 ● Noisliは、フォーカスを改善し、生産性を向上させるのに役立つバックグラウンドノイズジェネレーター
● Skyfit ● GetPunditは、アプリケーションがサンプルからあなたの声を「再作成」し、自分の声で書かれたテキストを読むので、レコーディングスタジオを必要とせずに独自のオーディオブログを作成できるアプリケーション。自分自身をトレーニングのコーチとして取り入れることができる
● ミニマリズムだけでなく、エレクトロニクスの自然な美学はますます人気が高まっている
● サラウンドサウンド、ワイヤレス、マルチルームオーディオなどのデジタルテクノロジーが話題となっているが、オーディオ愛好家は最高品質のサウンドを再現するアナログオーディオを好む
● Interlude & Blindによるプロジェクトが、毎回ユニークなリスニング体験を可能にするインタラクティブなミュージックビデオを作成

音響機器業界におけるネタ帳（パラダイムシフトドライバーに対する示唆・

分類	パラダイムシフトドライバー	重要度	会社に与える影響（示唆・仮説）
社会	人口の高齢化	高	● 高齢者向け製品(簡単・シンプルだがハイスペックなデバイスなど) ● 音楽や効果音で老化を防ぐ製品 ● 思い出を呼び戻すように設計された製品とマーケティングのアイデア
	出生率の低さ	高	● 音楽や効果音を介して子供にプラスの効果を提供する製品
ライフスタイル	インタラクティビティ	高	● 音楽の楽しさを力にする新しい楽器(聴くことから参加することまで) ● 個人的な音楽活動を共有するためのプラットフォーム ● 遠隔地間で同時に音楽(仮想空間)を共有する ● 有名人や音楽アーティストと交流できるプラットフォーム ● VR / AR体験を向上させる音楽/サウンド(およびビデオ)システム ● 観客参加型のオーディオ/ビデオVR体験を備えたアーティストコンサート。コンサートで仮想コンテストを開催する。勝者はアーティストと一緒にステージに上がり、賞品を獲得する
	マルチタスク	高	● マルチタスク追跡またはマルチデバイス接続を可能にするインテリジェントウェアラブルデバイス ● 集中力を高める音楽/音響制御装置 ● 次の項目「やること」について常に携帯電話を見ることなく、Noisliのような耳のコンピューティングで確認することができる
	肥満とダイエット(ダイエット障害)	中	● 食欲や食生活を制御するための音楽/サウンドデバイス ● パフォーマンスを向上させる音楽サウンドデバイス-ワークアウト中のパーソナルコーチのように、さまざまなスポーツ(ランニング、ウォーキング、ウェイトリフティング、トレッドミルなど)の音楽に加えて、パルスやパフォーマンスを向上させるユニークなサウンド(2つのアイデアの組み合わせ)
	ミニマリズム	高	● 簡素化された製品設計
	ナチュラリズム	高	●「ナチュラル(アナログ)」の音/音楽に戻る
	スポーツをする子供たちの台頭		● 一部のスポーツの子供向けの個人化されたトレーニング(音声や音楽)
	パーソナライズされた体験	中	● パーソナルな体験を可能にする音楽/サウンド

パラダイムシフトが自分の業界にどのように影響するかを洗い出す

宝島を発見する第2ステップでは、一つひとつのパラダイムシフトが、あなたの置かれたビジネスや、今後作っていきたいビジネスにどう影響するかを洗い出して、ネタ帳を作ります。書き出したものを自社の業界に置き換え、それがなぜ自社に影響するのか、示唆、仮説をまとめます。そして各々の示唆、仮説に対応するイノベーションの具体的事例を探して、参考ベンチマークとして書き出してください。

このステップにおいては、担当者全員で柔軟な発想を持ち、自社事業にどれくらい影響があるのかを様々な角度から考え、具体的な想定シナリオを書き出します。今の世の中で起きている変化、これからの新規事業の可能性は、自社の産業の外にヒントがあると知ってください。

実際に起きていることに対して、自社ができることを仮説として踏み出すとき、どんなビジネスができそうかを書いたネタ帳を作ります。ネタ帳に書いたものは、どんなアイデアで、誰に対応できるのか、また誰にとって価値があるのか、どのようなお客様に対してどんな価値を提供するのか、自分自身と自社の差別化要因は何なのか、ビジネス収益はど

宝島を発見する第2のステップ

自社事業の分析
自社の強み、
差別化の領域を把握
業界／競合他社の分析
同業他社または異業種の企業を
ピックアップし、ベンチマーク
自社にとって
インパクトが強いところ
（事業機会の仮設立案）
世の中のトレンド分析
最新トレンドやパラダイムシフトを
「鳥の目・蟻の目・魚の目」でとらえる

のように考えられるのかを考えます。そこまで持っていけば、ライバルに負けない、あなた独自の宝島が見つかります。

ネタ帳には、あなたが気になる相手や、企業のリサーチをたくさん行い、書き込みましょう。該当するものに関しては、あらゆるところからヒントを得た方がいいですね。具体的には、同業他社、異業種の両方を合わせて3社から5社は徹底的にベンチマークしてください。まずは、自分の今後の事業に該当するものを何社か選びます。徹底的にリサーチをして、仮説を洗い出し、自分の強みとともに相手の強みを書き出す作業を行ってください。

私の経験上、3社から5社のリサーチを徹底的にやろうと思うと、1ヶ月はかかります。チームで行うのか、あなたが一人で行うかによっても変わりますが、大切なことは分析ではなくビジネスです。1ヶ月でやり切るように、集中して行ってください。

ステップ2をまとめると、右図のようになります。

ステップ③ アイデア出しとストーリー作成

宝島を発見するための第3ステップでは、ステップ②で作ったネタ帳を元に、自分がビジネスに取り組みたいテーマを定め、仲間と共にアイデア出しを行います。アイデア出しのためのブレストを行い、あなた独自のビジネスストーリーを作り上げるのです。それがあなた独自の新規事業案であり、宝島の発見です。

「ブレスト」とは、ブレインストーミングの略で、一つのテーマに対して複数の人たちでアイデアを出し合うことをいいます。なぜブレストが大切なのか。それは、新規事業を立ち上げる前に作るネタ帳は、あくまでも個人のものだからです。ネタ帳を作り、いくつかのネタやアイデアにおいてビジネスができたら面白いと思った時に、そこで先入観や固定概念を取り払い、自由な発想で限りなく大きなアイデアを発表する場が、ブレストなのです。

ここでは、アイデアを豊富に出すために、スムーズにブレストを行える方法をレクチャーします。

まず、自社事業に与える影響度の仮説を洗い出して、参考となるベンチマークを整理しておきます。ネタ帳を使いながら、5人から8人でグループを作ります。参加者に対して事前にテーマを周知していると、スムーズに進行するでしょう。人数は、少なすぎても多すぎてもNGです。少ないとアイデアを集められませんし、多いと意見をまとめられません。ブレストを行うメンバーは自社の人間だけでなくてもOK。信頼する仲間であれば構いません。

ブレストは、特定のテーマに対して、可能な限り多くのアイデアやソリューションを生み出すための取り組みであり、最適案や解決策を見出すものではありません。複数でディスカッションした方が先入観にとらわれず、新しいアイデアや改善策を引き出せるでしょう。ブレストすることで、自分では気づかなかったアイデアや、限りなく大きく自由なアイデアやソリューションが提示されます。ソリューションとは、ビジネスにおいて企業が抱える課題や問題を、システムやノウハウ、人材などの様々な方法で解決することです。

〈ブレストを円滑に進め、結果を生み出す14のルール〉

●ブレストには、無駄なアイデアはない
●ブレストは、全てのアイデアが有効
●人のアイデアは、絶対に批判しない
●全てのアイデアを有効にするために、他の人のアイデアに乗ろう
●素晴らしいアイデアは、誰かのアイデアが引き金になることが多い
●質より量を重視し、できるだけ多くのアイデアを出そう
●きちんと対象テーマに集中し、沿った形で議論しよう
●話すときは順番を守ろう
●人の話は、きちんと聞こう
●過去は忘れて、未来だけを考えよう
●自社の価値観や慣習に合うかは、ブレストの後で考えよう
●良いエネルギーを発信して、ポジティブな態度をとろう

●パソコン、タブレット、携帯電話などは全て電源オフにしよう
●決まっているルールに基づき、時間を守ろう

このルールを元に、通常ブレストセッションを1回に2・5時間、それを2回行います。最初にブレストの実施方法のルールを説明し、事前に作ったビジネスインプリケーション（表面に現れない意味を含みもつこと）とワークシートでブレスト対象領域を特定し、グループに分かれてブレストを実施しましょう。

それぞれがアイデアを出した時に、それは新規事業のアイデアなのか、お客様や世の中に対してどういう価値を提供するのか、どのような事業モデルに発展させられるか、というところまで出し切るのが最初のステップです。チームに分かれ全員が紙に書き出し（付箋でもOK）、その中からいくつかアイデアをまとめ、ストーリーにして発表します。

ブレストは、解決策を見出すものではないので、一定のルールが必要です。必ず、安心安全な場でなくてはいけません。なぜなら、ブレストの場で誰かから馬鹿にされているとか、意見が言えないという気持ちになるとみんなが黙ってしまいます。参加している全員が、遠慮せずに馬鹿げた意見でもいい、多くのアイデアを洗い出す場が作れたら、それが最も成功するブレストです。

ブレストがそれぞれのメンバーに定着するようになれば、日々のシャワーやトイレの時間でも、自然にアイデアが出るようになります。私は新聞を読む、本を読む、街を歩く、広告を見るなど、何かを見たときに頭の中にパラダイムシフトがどんどんインプットされています。また誰かと話をしていても、それは別の誰かに当てはめられないか、違う人にも使えないかを常に考えています。すると、私のお客様に対して当てはまる商品はどうしたら作れるか、自社なら次のステップにどう使うか、事業に与える影響の仮説を考え始めます。

人に対しても、「これ、どう思う？」と聞いてブレストをします。ブレスト習慣ができると、どんなにくだらないと感じる意見でも否定しなくなります。ブレストが生活の中に定着すれば、常に新規事業のアイデア出しができます。

ブレストは、一つのテーマに対して固定概念を取り除いて、先入観なしに参加者全員が遠慮せずに様々なアイデアをぶつけ、自由に発表すること。そして、様々な可能性を見い出す場です。ただ単に「ブレストをやろう」と声をかけても、ふつうにお喋りで終わってしまうので、ブレストを実施する前にステップ①と②のプロセスを行っておくことが必要です。

ブレストを通じて新規事業アイデア出しに取り組む

ブレストは、参加者全員が固定概念から脳みそを解放し、特定のテーマに対して柔軟かつ自由な発想で、可能な限り多くのアイデアを出し合うことが成功の鍵となります。ブレストの終了までには、チームで新規事業のアイデアを選定して、その事業を通じて提供する価値や事業モデルをストーリー化しましょう。

あなたの新規事業、宝島が見つかったら、それはどんなビジネスアイデアなのか、誰をターゲットにするのか、どういう価値を提供するのか、ビジネス収益はどう見えるのか、これらをまとめ上げたものがストーリーです。

ブレストを終了し、チームでアイデアをまとめ、新規事業シナリオ（ストーリー）を、チームリーダーが発表します。発表する際は、以下の5つのポイントをシナリオに盛り込みます。

①どういうアイデアなのか

②誰をターゲットとするのか
③どういう価値を提供するのか
④USP（ユニーク・セリング・プロポジション）は何なのか
⑤ビジネスモデル収益は、どのように得るのか

新規事業を立ち上げる上での基本要素は、「ノウハウ」と「武器」です。アイデアの3ステップでブレストすれば、必ず出てくるでしょう。このブレストのやり方は、必ずあなたの武器になるはずです。

決して、他人の意見を否定しないこと。既成概念を打ち破る柔軟な発想の元に、人の考えを聞き、考えを自分でもひねり出すこと。これが、アイデアを出すために一番重要なことです。

ストーリーラインの事例「Shikohin」

ブレストでアイデアを集め事業モデルが決まり、ストーリーができた事例を紹介しましょう。私がアメリカで立ち上げた、「Shikohin」というスキンケア商品の事業です。

「Shikohin」は、ジャンルでいえば化粧品、わかりやすくいえばスキンケア商品です。「Shikohin」を始めるにあたって、私はアメリカの美容、およびセルフケアのマーケットをリサーチしました。アメリカにおける美容・セルフケアマーケットは2022年現在では871億ドルですから、日本円にして12兆円という金額になります。2027年には14兆円になる見通しで、まだまだ伸びるでしょう。美容およびパーソナルケア商品は、かなりの成長市場なのです。

今の世の中では、クリーンビューティー（安心して使用できる持続可能な化粧品）やオーガニック、サスティナビリティなど、人間が作る化学的なものではなく、自然から取れる成分で食べられるものを身につけることが大きな流れとなっています。

その流れにいち早く目をつけたのは、韓国の「K BEAUTY（ケイビューティー）」でした。ここ10年の間に、コスメやスキンケア分野で欧米を含む世界の若者消費者層から大人気になり、一大産業に成長しました。日本にも、自然派のスキンケア分野ではジャパンビューティー、ジャパンウェルネスなどがありますが、なぜか欧米ではあまり認知されていません。日本人は昔から天然素材を使うことを大切にしていますし、食べ物もからだに良いものを口にしています。欧米では日本人の肌は陶器のようだといわれていますから、実際この分野で大成功を収めていても不思議ではないはずです。

この世の中の流れは、経済的に見ても大きな経済成長率を見込める成長産業です。韓国は自社の切り口でしっかり人気を獲得しましたが、日本はジャパンビューティーやジャパンウェルネスとしてのポジショニングを全く確保できていなかったのです。

さらに、キノコや菌糸体、発酵食品や酵素など、腸や体の中から美しくする素材や食材が、大きなトレンドとなりつつあったのです。

このトレンドの中、日本で先祖代々から伝わる天然素材の効果効能に関する叡智をもとに高品質な商材を開発し、アメリカ、欧米の消費者に受けるデザイン性や、ストーリーテリングにうまく乗せてブランドを展開する会社が全く見当たりませんでした。ですから、そこに大きなチャンスを見出し、２０１９年12月に「Shikohin」というブランドを立ち上げました。

市場のリサーチには3ヶ月ほどかけ、このリサーチの期間にコロナ禍に突入したのです。あなたは、こんな俗説というか神話をご存じですか？

「世の中が不景気になるとリップスティックが売れる」。本当かどうかはわかりません。特に日本では、コロナ禍ではみなマスクをしましたから、リップは一気に売れなくなりました。ただ、経済の世界には「リップスティック指数」「パンツ指数」「ビッグマック指数」など、不景気に強い定番の商品があります。

先が見えない世の中になっても、ジャパンウェルネスのような日本的ライフスタイルが見直されるのではないか。人々はそれを求めているのではないか。だけどまだそれは存在していない！　といった世の中の変化を見出して、経済成長を生み出す。そこにコロナや不況が来たことで、eコマースで商品を買う時代になり、私たちが用意していた新規事業とタイミングが合致しました。アメリカでコロナが来たことによって、人々の自然志向、健康への意識が高まり、そこを先取りしたことによって一気にビジネスが伸びました。

リサーチをしていた時には、これからコロナが来て、この業界がいけると思っていたわけではありません。ですが、常日頃から今の世の中に何が足りないか、どんなニーズがあるのか、それを自社が満たすことはできないのか、競合他社でうまくいっている企業はないのかなど、常に考え、ブレストを行い、リサーチを重ねておくことで、予想しなかったところでタイミングが来ることがあるのです。

ビジネスはタイミングです。ビジネスは早すぎても遅すぎても駄目ですから、タイミングの見極めも必要です。パラダイムシフトを理解することによって、世の中、お客様、消費者が求めているものや満たされないニーズを理解して、抜かりなく商品を提供するのが正しい参入のタイミングです。常に分析を怠らず、頑張り続けていると、時にはタイミングが合うのだと私は実感しています。タイミングの事例については、もう一つ別のものを後ほど出します。

では、「Shikohin」を始めるにあたって、私がどういうネタ出しをしたかを説明しましょう。まず、オーガニックやサスティナビリティ、スロービューティー、そして韓国をベンチマークしました。アメリカでも健康意識が高まり、スロービューティーや、天然素材を使った商品など、クリーンビューティーを支持する人たちが増えてきていましたし、ビーガンや動物愛護などが時代の流れです。我々がそこを求める商品を作るなら、日本の良いもの、作れるものを徹底的に洗い出し、できること、作れるものを合わせ技でネタをたくさん出しました。

さらに「Shikohin」の商品は、クリーン、サステイナブル、クルエルティフリーと、体に悪い添加物は一切使わない、プラスチックを使わない、動物実験を行わないことを大切にして、そこにこだわっています。これは世界の流れとも合致しています。この時点で、「いける」と思いました。

パラダイムシフトやトレンドを理解して、私は日本人なので日本的な要素を入れて、競合企業を徹底的にベンチマークして、自分たちが勝負する領域をしっかり作って、ストーリー展開をしたわけです。「Shikohin」の商品は、アメリカ以外ではフランスのボンマルシェでも販売しています。まだ日本では販売されていませんが、もちろん視野に入れています。

いかがでしょうか。これが、私自身がネタ出しをしてストーリーを作った新規事業の事例です。あなたの宝島の発見、新規事業立ち上げのヒントになれば幸いです。

不景気から生まれたシェアリングエコノミー「Uber」と「Airbnb」

大きなイノベーションを起こしても、タイミング的に合わなかったということも起こりえます。逆に、今の時代にマッチして流行っているものといえば、Uber や Airbnb です。

この2つのサービスは、高校生でも30代のサラリーマンでもわかりやすく、馴染みがあるのではないでしょうか。

Uberが生まれたのは２００９年、Airbnbは２００８年です。UberやAirbnbは、リーマンショックが起こり、世の中が一気に不景気に落ち込んだからこそ広がりました。シェアリングエコノミーの概念は、近年広がったものというイメージがありますが、実は遊休資産をみんなで共有するという考え方は昔からありました。それを上手くインターネットを活用してビジネス化したのがUberとAirbnbです。

不景気の中で人々は仕事を失いましたが、自分が持っている資産を有効活用して、新たなお金を儲ける方法を見つけると同時に、オペレーターは人の下で働くのではなく、独立した個人事業主的な形でお金を稼ぐことができたのです。新規事業計画を立てるときは、タイミングを見極めることが大切です。タイミングが良かったからこそ成功者となり、いち早く時代を読んで動いたといえるでしょう。こういったサービスはいくつも生まれましたが、今も生き残っていて多くの人に知られているのは、この2つでしょう。まさにシェアリングエコノミーを体現する代表格のビジネスモデルです。

本章では、新規事業という宝島の発見をテーマに、事業を発掘、発見する方法をお伝えしました。10年前から現在までの変化を列挙してきましたが、今後の新規事業の可能性はまだまだあり、新しい事業を生み出せると私は考えています。そのためには、パラダイムシフトが起きたとき、そこで生まれる消費者のニーズをどう捉えるか。物事を全体的に考え、構造的に理解する必要があります。そうして新規事業の可能性を見つけ、宝島を発見するためのマインドセットを持ち、事業を立ち上げるまでの3つのステップを確実に行っていきましょう。

そして世の中の最新トレンドやパラダイムシフトを理解できたら、ライバルに負けないネタ帳を作り、アイデア出しとブレストを行い、新規事業ストーリーを作成します。

さて、ここまでができれば「宝島の発見」のための手順は、イメージできたのではないでしょうか。次の章では、自分の夢を実現するためのシナリオである「海図」作りに入ります。これは、宝島にたどり着くためのルートを落とし込むという作業。どこかに行きたいとき、降りる駅名が明確であったとしても、自分をそこに運んでくれるルートを見つけなければなりません。せっかく見つけた「宝島」を実現させるためにも、ぜひ第3章をじっくり読み、あなたの宝島に辿り着くための海図作りを楽しんでください。

FOUNDER MINDSET

第3章

海図の作成

投資家が納得する事業計画と
計画に紐付いた達成目標と成果指標

なぜ事業計画書が必要なのか

前章では「宝島の発見」のための手順を紹介しました。宝島を発見するためには、パラダイムシフトについて把握し、あらゆる視点からビジネスチャンスを探る必要があることがイメージできたと思います。

この章では、自分が見つけた宝島に辿り着くためのシナリオを作る「海図の作成」について紹介します。

海図とは、「事業計画書」のこと。海図（事業計画書）なしで、宝島に辿り着くことはかなり難しい行為だと私は考えます。とはいえ、なぜ海図が必要なのか、どのようなものを海図というのか、きっとイメージしづらいでしょう。

そこで、海図の作り方や考え方、活用の仕方などを紹介していきます。まずは、なぜそれほどに事業計画書が必要なのか、そのことからお話ししていきましょう。

海図（事業計画書）とは、経営にかかわる人が新事業の計画について説明する文書のことを指します。事業計画書があることで、ファウンダーは自分の考えを確認することができ、それを元に事業の方向性を決めることができます。事業計画書を作成することで、将来の事業規模や成長スピードを方向づけることができ、計画的に必要資金を準備することにもつながります。

経営する中で事業戦略を修正したり、当初の計画がどのように変化しているのかを確認したり、事業の道しるべとしても活用することができます。また、仲間との目標共有にも事業計画書が欠かせません。事業計画書は、ファウンダーと仲間を宝島まで導いてくれるルートを詳細に示した海図なのです。

起業家や新規事業担当者は、とにかく新しい仕事、面白い仕事に直感的に飛びつく傾向があります。これは私の経験則でもありますが、「これは、いける！」と思ったら、すぐに立ち上げに向けて動き始めてしまうのです。もちろん、実行力があることは素晴らしいことです。行動してこそ目標は実現に向かいますから。

それはいいのですが、実際に新規事業を立ち上げ、いざ取り組むことになれば、様々な費用（コスト）が発生することになります。まず人件費、活動諸経費、福利厚生費、社会保険料などの固定費は避けられません。また、原材料費、マーケティング費、在庫コストなどの変動費も様々なものが発生します。事業の利益が出るようになれば、租税公課などのキャッシュフローを意識した資金繰りの計画なども想定しなければなりません。これらは、必ず支払わなければならないもの。払えないから後回しというわけにはいかないのです。

事業計画書は「できれば作成すればいい」と言う人もいます。しかし、事業計画書作成を通して、事業の取り組みに関する思考の整理の可視化など副次効果が大きいため、私は必ず作成すべきと考えています。

例えば、「ターゲット層の設定があいまいだな」「この競合分析だと甘いのではないか」「この計画だと、14ヶ月目で資金がショートする可能性が出てきた」「この月は税金の支払いが来るから、備えておかないといけない」など、事業計画書を作成するうちに、準備や先のリスクについて気づくことがあります。

つまり、事業計画書の作成は発生し得るリスクについても明確にしてくれるのです。その辺りを意識して事業運営をしていれば、たいていのことは対応できるでしょう。想定していなかった税金の支払いが来て、大慌てで金策に走るということを避けられるようになります。だからこそ、事業計画書は最初に作っておく必要があるのです。

事業計画書を作らずに事業をスタートさせるのは、航海をする時に海図がないのと同じです。海図がなければ、行きたいゴールがどの方向にあるのかさえわからず、進めなくなります。

つまり、事業計画書がなければ会社や事業はたちまち方向性を見失い、利益は出ているのに頓挫するということになりかねないということです。新規事業における事業計画書の必要性をおわかりいただけたでしょうか。

まずは市場規模を把握する

事業計画書作成の最初のステップは、これから自分が攻め込もうとしている領域にどれくらいのビジネスチャンスがあるのかを、確認すること。ここは釣りに例えて説明しましょう。

釣りは、やみくもに釣り糸を垂らして待てば魚が釣れるかというと、そうではありません。まずは魚がいるところに出向く必要があります。そこで釣りたい魚に適した仕掛けを用意し、魚が好むエサをつけ釣り糸を垂らします。それができなければ、魚は釣れません。特に潮の流れは重要で、どれだけ適した仕掛けやエサを用意したとしても、潮が停滞していれば魚を釣ることはできません。

私はサーフィンが好きですが、サーフィンも波の状況に左右されます。天候情報を事前にチェックし、自分に合った波のサイズを理解しておかなければ波に乗ることはできません。

小さな波ではつまらないし、逆に大きすぎる波は、技術がないとたちまち波に呑まれることになり危険です。それはビジネスも同じ。小さい市場だとどれほど頑張っても思うような成果にはつながりませんが、あまりにも大きな市場だと、自分の身の丈以上のことをすることになり市場に呑まれてしまいます。

特に最初は、自分の現状に合うビジネスができるか、継続できるかを考えましょう。新しい価値を作り、新しい市場を切り開こうとするときは、前例がないことがほとんど。だからこそ、そこに市場（ニーズ）があるかをしっかりと精査した上で、最初に事業計画を作り、予算やコストを決め、どのように成長させていくのか、チームと共有して取り組んでいかなければ、様々な問題に直面し道に迷うことになります。事業計画書があることが基本であり、ビジネスに必要なことと理解してください。

新規事業の場合は、いくつかのデータを組み合わせ、自分がつかみにいこうとする市場規模を考案し、仮定します。ここで大切なのは、ただ単にリサーチするのではなく、あらゆる組み合わせを考えることです。

例えば、Amazon が発売した「Amazon Alexa」。クラウドベースの人工知能音声認識サービスですが、Amazon.com の音声認識プラットフォームと言ったほうがわかりやすいかもしれません。ユーザーが「Amazon Alexa」に話しかけるだけで、様々な情報を音声で得ることができたり、「Amazon Music」で音楽再生をしてくれたり、Amazon.com で注文を頼むこともしてくれます。

そもそも、このような音声認識サービスは、一つの市場でのみ影響を及ぼすのが普通でした。家の中の音響設備の市場のみで終わるはずが、「Amazon Alexa」は、自動車の車内音響設備の市場をも脅かしています。

昔は、家の中と車内の音響設備市場は別々と考えられていましたが、今は複数の市場にわたり影響を及ぼすことが珍しくなくなりました。つまりビジネスチャンスの可能性は、既存の業界以外にもあるということ。そういう意味では、自分たちが展開する事業が、どの市場でどれくらいの規模のビジネスを期待できるのか、想像力を大いに膨らませましょう。

「TAM」「SAM」「SOM」で、想定される売上を把握する

そこで知ってほしいのが、「TAM」「SAM」「SOM」の3つです。これらは、市場において自社の事業が生み出すと想定される売上を把握するために、用いられる指標です。この3つを活用することで、新たな市場や事業の全体像、および成長の可能性などを客観的な数値で見積もることができます。

「TAM」とは、「Total Addressable Market」の頭文字を取った略称であり、日本語だと「ある事業が獲得できる可能性のある全体の市場規模」を意味します。つまり商品やサービスの総需要のことだと考えてください。

「SAM」とは、「Serviceable Available Market」の頭文字を取った略称。日本語で「あ

想定される売上を把握する指標

TAM, SAM, SOM

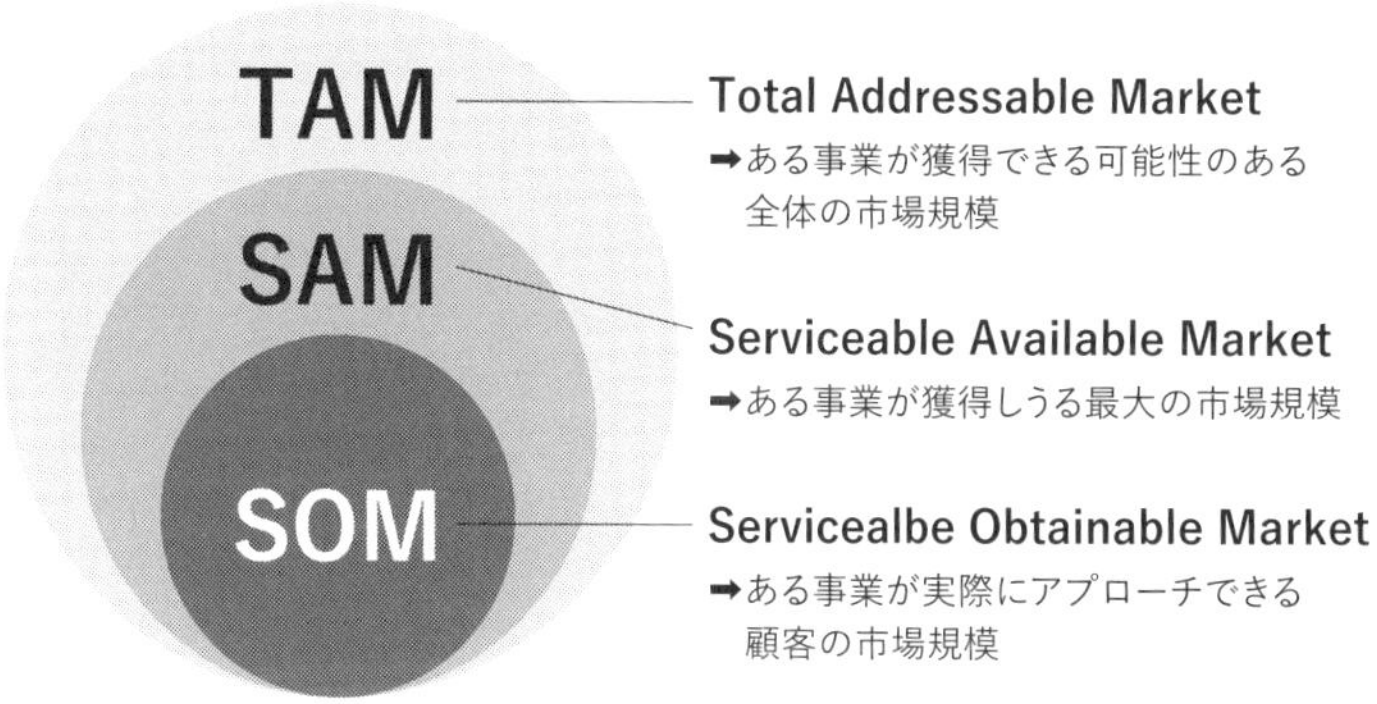
TAM
Total Addressable Market
➡ある事業が獲得できる可能性のある全体の市場規模
SAM
Serviceable Available Market
➡ある事業が獲得しうる最大の市場規模
SOM
Servicealbe Obtainable Market
➡ある事業が実際にアプローチできる顧客の市場規模

る事業が獲得しうる最大の市場規模」を意味し、「TAM」の中でターゲティングした部分の需要のことをいいます。

「SOM」とは、「Serviceable Obtainable Market」の頭文字を取った略称であり、日本語で「ある事業が実際にアプローチできる顧客の市場規模」のことをいいます。

「TAM」から見るとトップダウン、「SOM」から見るとボトムアップで、自分たちが獲得している現実的な数字はどれくらいなのかをしっかり把握することができます。

これらの指標について考えておくことで、自社が参入しようとしている市場がどれくらいの規模を持つのか、この事業によって

想定される売上を把握する指標（Airbnbの場合）

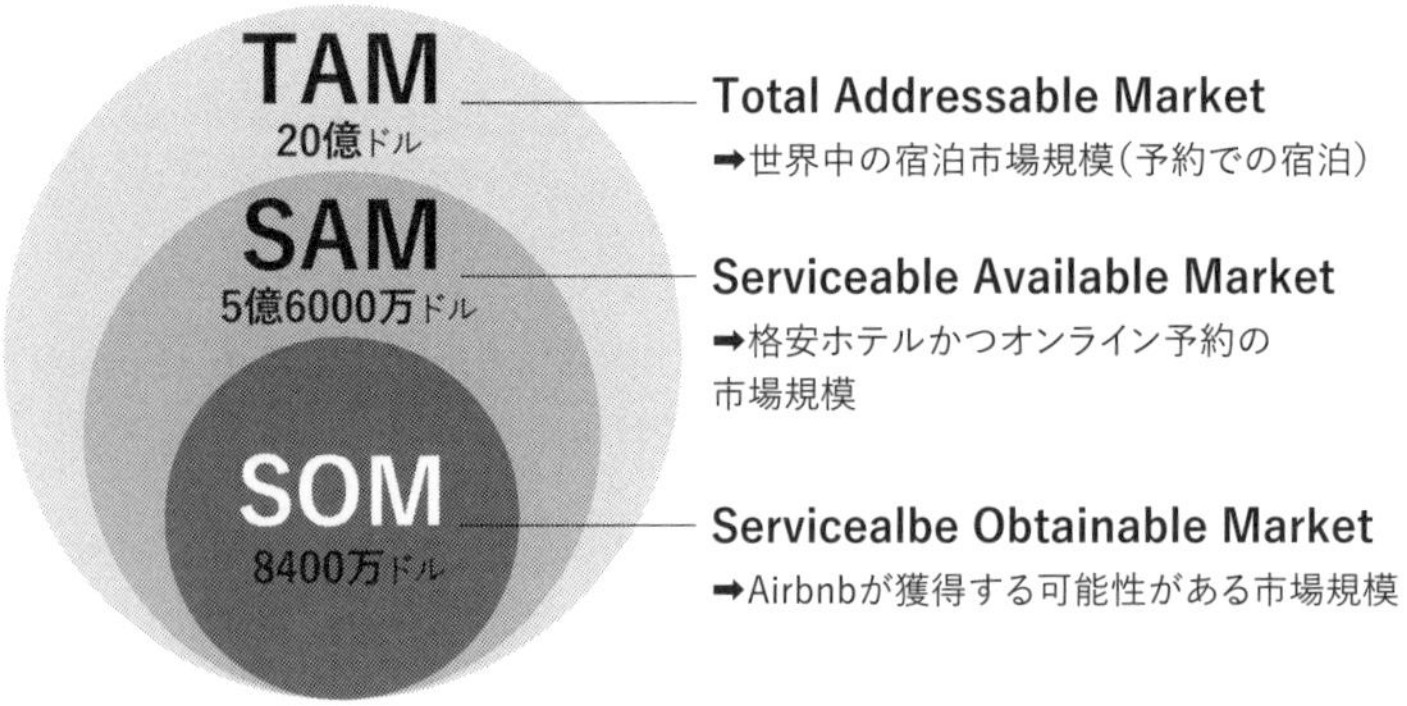
TAM
20億ドル
SAM
5億6000万ドル
SOM
8400万ドル
Total Addressable Market
➡世界中の宿泊市場規模（予約での宿泊）
Serviceable Available Market
➡格安ホテルかつオンライン予約の市場規模
Servicealbe Obtainable Market
➡Airbnbが獲得する可能性がある市場規模

どれくらいの利益を目指し、見込むことができるのかが明確になります。この「TAM」「SAM」「SOM」の3つを考えることはとても頭を使いますが、常に市場規模を把握するとともに、どの角度からも数字が出せるようにしておくといいでしょう。

　また、これはよくあるミスなのですが、使用したデータが古く、分析が意味を持たないことが起こります。5年以上前に行われた調査結果などは、使用を避けてください。データによっては業種分類などが微妙にズレていることもあります。適切な数値を知るには元データに何を使ったかが重要になりますから、その点は十分に注意したいところです。

「TAM」「SAM」「SOM」を使って分

析をした事例として、Airbnb（エアビーアンドビー）が事業を立ち上げた際の例を見てみましょう。Airbnbは、アメリカのホームステイを中心とした格安の宿泊施設を提供することで事業を開始した企業です。

まずは「ＴＡＭ」で宿泊市場規模の数字を見ます。当時は20億ドル以上ありました。次に「ＳＡＭ」で格安ホテルのオンライン予約の市場規模の数字を見ます。この時は、５億６０００万ドルでした。そして「ＳＯＭ」では、自社が獲得する可能性がある市場規模を計算しますが、８４００万ドルでした。Airbnbは、今では宿泊以外にも、ホテルでは得られない超贅沢な宿泊体験を含め、あらゆる体験の場を提供する大エンタメ企業に発展しましたが、最初の事業モデルでは、この事業領域をターゲットとしていました。

これを自社に置き換えて考えてください。単純に一つの事業だけを考えても意味がありません。特に新規事業の場合は、既存の市場だけを見ていては参入できないケースも十分に考えられます。だからこそ、他の市場もしっかりリサーチすることが大切になるのです。

第2章でもお伝えしましたが、今の時代、事業機会を勝ち取る先進企業は、既存の産業区分や事業形態といった概念を完全に崩壊させ、自社で開発した技術やサービスモデルを武器に新たな領域に積極的に参入し、熾烈な異業種競争を仕掛けています。

そのためにも、時代背景、政治的要素、人々のライフスタイルなどを十分に見てから、ビジネスモデルをしっかりと考えることで、他業種と組み合わせられる可能性が出てくるのです。様々な業種の市場規模を考慮して、「TAM」「SAM」「SOM」を整理してください。

自社の事業モデルでは、Airbnb の事例のように、「TAM」「SAM」「SOM」の各領域の説明をし、新規事業の可能性を示す必要があります。自社の差別化要因や付加価値を売って出た時の、現実的な売上はどれくらいあるかを投資家に説明できるレベルの「TAM」「SAM」「SOM」をしっかりと整備、把握することが最初のステップです。

私も自社ブランド「Shikohin」の立ち上げの際に、この「TAM」「SAM」「SOM」の整備と把握を1ヶ月ほどかけてやりました。「TAM」「SAM」「SOM」の各領域の計算をし、それを根拠ある理由とともに説明できる程度まで把握したわけですが、これができていれば事業の説得力が増し、資金調達にも大いに役立ちます。

だからこそ、最初に事業計画を作り、予算、コストを決め、どのように事業を成長させていくのか、その点を考えておきましょう。しっかりした事業計画書が作られていないと、様々な問題に直面した際に道に迷ってしまうことになります。言い換えれば、しっかりした事業計画書さえあれば、どんな問題に直面しても、ルートを見失ったり、進むべき道を見誤ったりするとことがないのです。

それが新規事業立ち上げの基本であると理解して準備を進めてください。

事業計画書を作る上での考え方

市場規模を押さえたら、事業計画書の作成に取り組みましょう。事業計画書に決まったフォーマットはありません。ネットで探せば、様々なタイプの事業計画書テンプレートがあります。事業スケジュールや取引先などを細かく書くパターンや、ビジョンについてしっかりと記述するパターンなどがありますが、基本的には自分に合うものを選べばいいでしょう。私の場合は、次の10項目について構成し、作成します。

1　会社の基本理念と価値基準
2　事業内容
3　市場規模
4　競合他社分析
5　ターゲット顧客
6　自社の商品やサービスの差別化（顧客はなぜ競合他社ではなく自社を選ぶのか）と防御性（顧客はなぜ継続的に選び続けるのか）
7　販売、マーケティング戦略／調達、生産方法
8　組織計画
9　収支計画
10　資本政策など

ここで強調しておきたいのは、事業計画書を作成する上で、定量的思考（どんな概念でも数値化しておく）を持つ大切さです。何かを実現する時には、数値に当てはめて考えることを意識します。

例えば、会社のビジョンを定める上でも、そのビジョンが大きければ大きいほど、定量

John F. Kennedy のスピーチ

**"We choose to go to the moon.
We choose to go to the moon in this decade and do the other things, not because they are easy, but because they are hard, because that goal will serve to organize and measure the best of our energies and skills, because that challenge is one that we are willing to accept, one we are unwilling to postpone, and one which we intend to win, and the others, too."**

「我々は月に行くことを選びます。この十年の間に月に行こうと思います。簡単だから行くのではありません、難しいから行くのです。人類の技術と情熱の最大値を推し量る最良の目標です。この挑戦は、私たちが喜んで受け入れ、後回しにすることを善しとせず、私たちに、その目標と、その達成に付随する他の成果物を獲得したいと思わせるものとなります」

From John F, Kennedy "The Moon Speech" September 12th, 1962

的な目標にしたほうが良いでしょう。そのほうが従業員にとって魅力的で理解しやすく、会社の力を結集する目標となってくれるからです。

そうすることで、1962年、当時のJohn F. Kennedy（ジョン・F・ケネディ）大統領が行った有名な"The Moon Speech"から始まったNASAのアポロ計画のように、人々の想像力をダイレクトに刺激し、心をつかむことができるかもしれません。

事業計画書を実際に作成する場合は、販売やマーケティング戦略、調達、生産方法などは、財務計画の内容と整合性を取ることを意識します。やりたいことが財務計画にまったく反映されていない事業計画書を見かけますが、それでは意味がありません。売上、原価、固定費、変動費、租税公課などをしっかりと想定し、基本となる収支計画書を作成することが大切です。ファウンダーがやりたいと考えたものは、全部その収支計画に紐付けなければいけないと考えておきましょう。

財務諸表の作り方

ここからは、財務諸表について基本的なことを説明します。

財務諸表とは「貸借対照表」「損益計算書」「キャッシュフロー計算書」などを指します。会社の経営や財務状況を正確に把握するために作成する書類であり、財務諸表を見ることで、その会社の経営状態を知ることができます。財務諸表は、経営者の経営判断に活用されるのはもちろん、確定申告や資金調達を行う時に、会計士や投資家が対象企業の経営状態を判断する際にも活用されます。財務諸表の中でも、「貸借対照表」「損益計算書」「キャッシュフロー計算書」は「財務三表」と呼ばれていますが、この財務三表の見方や目的は、経営者であればしっかりと理解しておく必要があるでしょう。

【貸借対照表】

会社の財政状態を見るための書類。ある時点において、会社がどのような資金調達をしたか、調達資金の使いみちといった情報を示す。英訳だと「Balance Sheet（バランスシート）」となり、実務上では、「B／S」と示されるのが一般的。会社がどんな方法で儲けているかという利益の源泉と、経営の健全性を分析することができる。

【損益計算書】

収益から費用を差し引き「利益」を見る書類。一定の会計期間において、どれだけ儲かったのかを知るための表。英訳では「Profit & Loss Statement」と示されるため、実務上では「P&L」と呼ばれている。売上高から、段階に応じて収益を加算し、損失や経費を減算していく。最後に税金を差し引いて出た数字が、当期純利益（一会計期間中のすべての企業活動の結果として生じる利益。会社に最終的に残った利益のこと）。

【キャッシュフロー計算書】

文字通り、キャッシュフロー（お金の流れ）を示すもの。損益計算書は、資金収支ではなく、収益および費用の発生ペースで計上されるため、会計期間中どれだけの資金が投資され、回収されたのかはわからなくなっている。一見利益が出ているように見えても、売掛金の回収が進んでいなければ、会計上いくら黒字であっても倒産に至ってしまう。キャッシュフロー計算書の作成にあたっては、利益などはすべて「収支ベース」で修正することになる。

基本的なフレームワークを理解したら、Excelを使って簡単な収支計画書を作っていきます。以下の手順に沿い、進めてください。

①全体の売上を構成する要素を整理する

売上がどこから来たものかを明確に分け、入力していきます。例えば店舗販売、ウェブサイトからの売上、企業への販売の3つが新規事業の売上のチャネルなら、そのチャネル

Excelを使った簡単な収支計画書を作る

	(千円)	1ヶ月	3ヶ月	1年	3年	5年
総売上						
	売上原価					
	販売費及び一般管理費					
営業利益						
	営業外収益					
	営業外費用					
経常利益						
	特別利益					
	特別損失					
税引前当期純利益						
	法人税等					
当期純利益						
	*EBITDA					

ごとに以下のことを入力しましょう。

●何回その注文が入るか
●何人から注文が入るのか
●企業からの売上では、どれくらい大きな注文が予想されるか

右記、一つひとつの売上を計算するための因数、方程式を書いて売上を計算し、いくつかの売上のパターンを準備していきます。将来、新規事業を立ち上げる際に、ウェブサイトを通じての売上、店舗からの売上、企業からの売上、コンサルティングでの収入、もしくはサブスクリプションモデルでの収入など、売上を上

げるパターン、チャネルをたくさん書き出しておきます。そして、どのチャンネルでいかにして売り上げるかを先に計算する時間を取るようにし、シミュレーションをしてください。

②コストの計算

次に、売上に対応する原価です。D2C（Direct to Consumer ＝顧客直結）のビジネスにおいては、配送料などのコストを計算していきます。店頭販売であれば、店舗に払うコミッションも発生するので、その辺りの数字をきちんと見ておくことが大切です。会社を経営すると、売上だけでなく、当然ですが費用（コスト）が発生します。人件費や事務費、マーケティング費など、諸々の考慮すべきコストを、社員全員が簡単に数字を入れてシミュレーションできるフォーマットをExcelなどで用意する必要があります。それがあれば、社員は何にどれくらいのコストを割いて良いかがわかります。

営業利益率には、ＥＢＩＴＤＡ（イービットディーエー）という経営指標を用います。これは、会社の価値を計算するときに、とても重要です。金利や減価償却を考慮する前の営業利益率で、会社としてどれくらい儲かっているのかがわかる指標だからです。売上とコストを出すことができたら、常に計算する癖をつけてください。

ここで理解しておきたいのが、「ビジネスは方程式である」ということ。売上を上げるチャネルのパターン、それに対するコスト、人件費等の経費を考える中で、基本となる因数が存在します。例えば、EコマースならAOV（アベレージオーダーバリュー：1注文あたりの平均注文金額）、CAC（カスタマーアクイジションコスト：1顧客を獲得するために必要なコスト）、ウェブサイトを訪れたユーザーのうち何人が売上につながるアクションに至ったかを示すコンバージョン率、ライフタイムバリュー（顧客生涯価値）などを出していきます。原価について考えるべきこと、経費について考えるべきこと、数字はどこを目指すのか、一つひとつ丁寧に出しましょう。

事業計画書は、従業員や株主を含む、全てのステークホルダーに対して、「想定する市場規模において、私たちはこのレベルの事業を創り上げる」というストーリーを説明するための海図となるもの。第2章で、「現在の世の中はこんな動きが見えており、ここにチャンスがある。そして自分たちの事業を照らし合わせると、こんなユニークな取り組みができる。他とはこの点で差別化できるのでビジネスチャンスがある」というストーリーを作ると説明したわけですが、それを数字に落とし込み、より信頼性の高いストーリーに仕立てていくというわけです。

数字に落とし込み、チャネルごとの売上数字、経費やコストを伝えることで、最終的に「自分たちの事業は差別化ができていて、魅力的な事業を作れる。これだけ儲けることができる」と、ステークホルダーに対してプレゼンテーションができます。

最初にシナリオを作り、次に数字に落とし込む。この手順だけ見ると、やることが多く感じるかもしれません。しかし、フォーマットに落とし込むうちに慣れ、理解すれば意外とすんなりできるので、安心してください。

事業計画は5年スパンで作成する

新規事業を立ち上げ、ある程度軌道に乗せるまでには、最低5年はかかると考えていいでしょう。かなり上手くいったというケースだと、3年で黒字化、その後に勢いが出て、約5年後にビジネスとして本物になっている。それが一般的な新規事業の見方です。アメリカにおいて、スタートアップが事業を起こすと、「死の谷」を乗り越えなければならないといわれます。それには3~5年かかるというのが通説です。そこからようやく成長路線に入り、8〜12年で一端《いっぱし》の会社として成り立ち始めます。それゆえ、アメリカでは、株式上場もしくは他社が買収するのに大体8〜10年かかるといわれているのです。それを考えると、新規事業を立ち上げ、ある程度軌道に乗せるには、5年という月日がかかると考えるのは妥当でしょう。

それを見越して、事業計画書には5年間の事業計画を盛り込みます。5年、3年、1年、四半期、月次と落とし込んでいくのです。3年目で売上はどれくらいいくのか、最初の1年目はどれくらい稼げるのか、四半期、月次と逆算して考えながら作ることが必至になります。この作業をすると事業計画を練ったような気になる人もいますが、後から見返した時に、なぜそのように考えたかを忘れてしまっているということもよくあります。それを防ぐためにも、Excelで作ったファイナンシャルモデル、財務指標の数字をいかにして実現していくのか、そのシナリオも紙に書いておくことをおすすめします。そして、作ったExcel、売上を上げていくシナリオに関しては、常にチームの誰が見てもわかるようにしておくのです。メモ、文章化でもいいでしょう。

成功するためのモデルケースを作成する／競合他社との比較と差別化

フォーマットに計画を書き出したあとは、すでに成功している競合他社をベンチマーク先として定め、どうやって事業を成功させたのかを徹底的に丸裸にしていきます。

例えば、商品ラインナップはどのようなものだったのか、商品の差別化要因は何か、売り方やビジネスモデル、どのように事業拡大して収益を上げていったのか、などです。

どのようなアドバイザリーボード（顧問委員会）を構成し、業界関係者を巻き込んでいったのかについても、調べておくといいでしょう。これらは、その会社の公式ホームページや決算資料、中長期経営計画の中に記載されていることが多いのでチェックしてください。

また、次のこともぜひ調べてみましょう。

●どのような採用活動を行い、どういう人を採用しているのか
●どのような差別化のあるマーケティングに取り組んでいるのか
●どういうコンテンツを作り、プロモーションをしているのか

●商品パッケージのデザイン　など

これらの情報を徹底的に調べ、参考にして、自社のモデルケースを作っていきます。その中で競合他社の強みや弱み、課題が浮き彫りになるだけでなく、自社の事業展開に対する新しいアイデアを生み出すことにつながります。

競合他社は、2社程度で十分です。競合他社を丸裸にして分析することで、見えてくるものは確かにありますから、ぜひやってみてください。

事業計画に紐付いた達成目標と成果指標を作る

ここからは、事業計画に紐付いた達成目標と成果指標を作っていきます。

事業計画書があるのに、なぜ改めてこのようなものを作成するのか。事業計画は、会社としてどのような事業を目指すのかを説明する資料です。それだけだとメンバーは、日々の仕事において、自分が取り組む必要がある具体的な作業をいまいち掴めないままということが起こります。そこで「会社としてこのような世界の実現を目指します」ということを示す海図の下、一人ひとりのメンバー（担当者）が責任を持って行動するための指針となる「達成目標」が必要です。

さらに目標を達成するための「成果指標」もしっかりと定めておきます。「達成目標」と「成果指標」は似たイメージを持つ言葉ですが、意味は異なります。

「達成目標：Objectives」――ビジョンの実現に貢献する、可能な限り高い実現可能な目標のこと。何を実現したいのかを考え、それにむけてなりたい姿・状況（やらなくてはいけない、ではなく）を掲げることを指す

「成果指標：Key Results」――どのような数値を達成すれば目標が実現されるのかを表す定量的な目標。達成目標を実現するための必要条件になるもの。成果指標がすべて達成できれば、達成目標は実現する

少しわかりにくいかもしれないので、サッカーに例えて説明します。サッカーのプロチ

ームにはGM（ジェネラルマネージャー）がいて、監督がいて、マーケティング責任者がいます。それぞれが適切に稼働することで、プロサッカーチームは収益を上げ、チームを運営しています。

例えばチームのオーナーから経営を任せられたGMの年間達成目標が「100億円の収益」だとしましょう。100億円の収益を達成するために、なすべきことは何でしょうか。そのための成果指標は何か、まずはここを問いかける必要があります。とにかくチームが試合に勝って盛り上がれば、客が入り、グッズは売れ、食べ物や飲み物が売れます。また、テレビやウェブ配信の放映権の金額は上がり、入場料も確保できるでしょう。こうして見ると、「チームを強くすること」や「ファンがチームの試合を観たくなる魅力を発信すること」が、チームの運営において大切なことだとわかります。

そこで、以下2つの成果指標を設定することにします。

- リーグ優勝
- 本拠地での試合の座席販売率を90%以上にする

では、この2つの成果指標を実現するためにはどうすれば良いのかを考えましょう。

まず自分（GM）の下に、勝てる戦略とチームを作ることができる監督を雇うことが先決です。そして、チームが常に試合に勝ち、最終的にリーグ優勝するために、以下3つの成果指標を設定します。

- シーズンを通じた勝率を70％以上にする
- 1試合あたりのボールポゼッション率を60％以上にする
- 1試合平均ゴール数を2・5以上にする

次に、「スタンドを9割以上埋める」という責任を持ったマーケティング責任者を雇うことにします。目的を実現するために、アイデアをひねり出し、その結果、以下3つの成果指標を設定することにします。

- 客を呼べる超人気選手を3人スカウトする
- 誰もが観たいと思う対戦カードを3試合以上、自社球場で実現する（ホームゲームでないと自社の収益にならない）
- ファンを球場に呼べるスター選手のメディア露出を倍に増やす

とにかく、スタンドを9割以上埋めるためには何をしないといけないか、マーケティング責任者に3つの施策を考えてもらいます。そしてGMはマーケティング責任者に権限移譲をして、完全に責任を持たせて動いてもらうようにします。監督業務も同じで、GMをしながら監督をすることはできません。

だからこそ、下の人間に権限委譲して仕事をふるのです。数字で目的を定め、それを実現するための成果指標をまた数字で出し、動いてもらうということです。もっといえば、細かい分野でも同じことがいえます。監督は、勝つための戦略を作ることはできても、オフェンス、ディフェンスごとの細かいプレーや、選手のマインド、体調管理まではできません。だから、そこにまた別のプロを雇い、彼らに任せていくのです。

マーケティング責任者においても同様です。超人気選手を入団させるためのスカウト、魅力的な対戦カードを交渉するための渉外担当、効果的なプロモーションができるPR担当など、それぞれ適任者を採用して、定量的な達成目標と成果指標を定めて進めていくようにします。

こうして各分野で達成目標を立て、実現するためのキーとなる成果指標に対し、実現できる人を採用して実行することで、事業は成り立っていきます。トップの人間は、自分1

人では何もできないことを認め、人を信頼し、育て、任せていきながら売上目標を達成していくのです。

成果指標を設定する際は、３つが理想です。目標を多く設定しすぎると、エネルギーや時間を分散させることになり、それぞれの目標に十分な注力ができなくなるからです。

理想は、自分が離島にいて通信手段が限定されていても、成果指標の数値を知ることで、自社の経営状態を思い浮かべることができることです。例えば、経営コンサルティングや法律事務所などのサービス業では、「Utilization（稼働率）、Realization（設定価格から割引率を差し引いた率）、Profitability（収益率）」という３つの成果指標がよく使われます。

会社の基本理念と価値基準の作成事例

「Shikohin」での事例も紹介しましょう。事業計画書のひとつの骨子となる例として参考にしてください。

Shikohin のウェブサイト

https://shikohin.com/

〈基本理念〉

人々の日々の生活をより豊かにすることに真の喜びを感じ、それに貢献する商材の開発、開拓に取り組む。

"Beauty is a state of mind"というスローガンに基づき、心身の調和を保ち、内面と外面の両方から育まれる美しさを促進することを目指す。


〈価値基準〉
●Trust and respect(信頼と敬意)
●Think big, be bold(大きく考え、大胆に)
●Execution and accountability(実行責任と説明責任)
●Logical and empathetic(ロジックと共感力を併せ持つ)
●Global-minded(グローバル思考)
●Thirst for learning(学びへの渇望)
●Positive and cheerful(ポジティブで快活に)

〈事業内容〉

●日本由来の天然素材を原材料とした自社商品を開発し、日本各地の高価値の道具を合わせて、Shikohinブランドとして販売

●Shikohinコミュニティに対し、日本各地のユニークなウェルネス商材をShikohinチームの目利きで発掘し、ギフトセット等として販売

●米国、欧州に根差したShikohinチームの知見、ノウハウおよび事業プラットフォームを活用し、他ブランドの欧米展開に向けた支援機能を提供

〈市場環境、競合他社〉

北米の美容・セルフケア市場は、2022年で約871億ドル(約12兆円)、年平均3・06%で成長し続け、2027年には1千億ドル(約14兆円)を超える成長市場。同時に、北米においては、以下のトレンドが進んでいる。

●クリーンビューティ

●ホリスティックウェルネスとスロービューティ(※即効性のある化粧品や美容法であるファストビューティに対して、年月を重ねないと得られない美しさを求めて毎日を大切に過ごすのがスロービ

ューティ）

●ヒトマイクロバイオーム（ヒトの体内や体表で生息する微生物とその遺伝情報の総称）への注目の結果、プロバイオティクスやプレバイオティクス（※プロバイオティクスとは、腸内フローラのバランスを改善することにより人に有益な作用をもたらす生きた微生物のこと。商品の例としては、ヨーグルトや乳酸菌飲料などがある。プレバイオティクスとは、体内に棲みついている有益な微生物たちの食事になるもの。「良い」腸内細菌によって代謝され、腸内環境や体全体の健康にポジティブな影響をもたらす。プレバイオティクスのほとんどは水溶性食物繊維）

●各種キノコ

●ボタニカル（ボタニカルは英語のbotanicalの訳語で、〝植物由来の〟〝植物学的〟という意味。ボタニカルの反対語はchemicalで、〝化学合成由来の〟〝化学的〟などを意味する）

こうした中、アジアンビューティーは世界的に強い存在感を獲得し、韓国発美容市場は2019年に世界で110億ドルに到達（その売上の半分は北米）。一方、日本発美容市場は2019年に世界で350億ドルと推定されているが、北米の小売店（Sephoraなど）や博覧会（Cosmoprofなど）で紹介されているのは、主に資生堂の商品とＳＫⅡ。新規ブランドとしては、TATCHA（タッチャ）が唯一の競合として存在感を示している。そのため、日本由来の天然素材を原材料としたウェルネス商品や、日本の長年の叡智に基づいたセルフケア関連商品を北米で展開することは、大きな事業機会に繋がると考えている。

〈自社の商品やサービスの差別化と防御性〉

- 既存の、化学合成由来の商品と同等、もしくはそれ以上の効果が期待できる、天然由来の商品の提供。特にトレンドとなっている機能性きのこやミネラルを配合した商品開発
- 日本における長年の知恵や日本の特性（高品質、クリーン、ミニマリズム、長寿など）を活かした商品開発とブランド展開
- 米国およびフランスのメンバーがコンセプト策定、製剤、開発、商品デザインから製造、物流、販路開拓からマーケティングまで全ての機能を自社内で構築し、他のスタートアップには見られない、真にグローバルな体制で活動
- 素材の調達、パッケージング、オペレーション全体におけるサステイナビリティ（持続可能性）と環境配慮へのコミットメント
- 内面からの美しさを強調し、美しさのあり方を再定義することで、その価値観を共有し、Shikohinの商品を評価してくださるお客様との密接なコミュニティ形成

〈販売、マーケティング戦略〉

●小売店向けの販売チャネルにおいては、まずは北米の富裕層の間で人気が集まるハイセンスなナチュラルライフスタイルの小売店での存在感を高めた上で、北米全土にショップを展開するリテールチェーンでの販売開始に向けて営業力を強化

●ウェブサイトでの販売チャネルにおいては、自社ウェブサイトとAmazonのウェブサイトで販売。主なＫＰＩ（Key Performance Indicator＝重要経営指標）は以下の通り

ＣＴＲ（Click Through Rate＝クリック率）：１％をターゲット

（※ウェブ広告で、表示された広告数に対して、実際にクリックされた割合）

Traffic（来客数）：初年度は１万をターゲット。年３倍の成長を目指す

（※Shikohinのウェブサイトにアクセスするユーザー数）

Bounce Rate（直帰率）：20％以下をターゲット

（※Shikohinのウェブサイトを訪問したユーザーがウェブサイトから離脱した割合）

ＣＶＲ（Conversion Rate）：２・５％をターゲット

（※ウェブ広告で、流入した人のうち、売上につながるアクションに至った割合）

ＣＡＣ（Customer Acquisition Cost＝顧客獲得コスト）：１００ドルをターゲット

（※顧客を獲得するために必要なコスト）

AOV（Average Order Value＝客単価）：85ドルをターゲット

（※顧客が1回の購入当たりに支払う金額）

LTV（Life-Time Value＝顧客生涯単価）：3年目には350ドルをターゲット

（※1人の顧客が、初めてShikohinの商品を購入してから購入をやめるまでにどのくらいのキャッシュをもたらすかという数値）

NPS（Net Promoter Score）：3年目には＋0・5をターゲット

（※製品・サービスの顧客やユーザーの満足度、ロイヤルティを測定する指標）

その上で、Shikohin Selectを開始し、オリジナル商品の販売のみならず、日本各地のウェルネス商材を始めとしたモノ・コトを、広く欧米の消費者に販売するプラットフォーム事業へと業態を拡大する

〈調達、生産方法〉

●化学合成由来と同等、もしくはそれ以上の効果が期待できる、日本の天然由来の素材を厳選して調達

●開発コスト、原価率、最低発注数量を考慮して北米、フランス、日本の中で最適な場所で生産
●開発、調達、梱包、生産、物流の全ての面においてサステイナビリティを考慮した選択を実施

〈財務計画〉
●売上目標は初年度70万ドル、2年目210万ドル、3年目630万ドル、4年目1500万ドル、5年目3000万ドル。5カ年計画で、最初の3年間は3倍、残りの2年間は2〜2・5倍の成長を設定
●EBITDAに関しては、3年後に単年度黒字達成を目標とし、累積キャッシュフローの黒字化は5年後に達成することを目標とする

〈資本政策〉
●創業から商品開発までの1年間は自己資金で対応
●ストックオプションは、社員やアドバイザーに対して、全体の10〜15%を潜在株式として割り当てる
●2年目には、開発営業強化と新商品開発のための第三者割当増資を実施
●3年目には、既存事業の成長と次世代事業の展開のための第三者割当増資を実施

●3年間で合計1000万ドルの資金調達を想定

「Shikohin」に関しての事業計画書は、私がリーダーとして指揮を執り、会社のチームで一つひとつ作成していきました。メンバーの知識や知見を参考にしながら構成を組み立て、計画書に仕立て上げたというわけです。

上記で個別に詳細を説明する箇所については、各章で説明していますので、改めてそちらにも目を通していただくと、より事業計画書の作り方がわかると思います。

事業計画を実現するための仕組みが武器となる

事業計画を実現するための仕組みを作ること、これこそが武器です。ノウハウや武器がなければ、何のためにやっているのか？　結局何をしたかったのか？　となってしまいます。事業計画書を作る上で、どれだけわかりやすく単純化するかが、達成目標や成果指標を落とし込むための一番のポイントです。「とにかく、これさえやればいいんだ」というところまで、事業計画書をシンプルに作り上げましょう。

当たり前のことですが、最初から完璧に作れる人はいません。私も何度も失敗してきました。世の中にはたくさんの事業がありますが、事業計画書を作っていない経営者も多いです。なぜなら、経営者は最初から経営をしているわけではないからです。あのビル・ゲイツでも、会社設立当初は事業計画書を作ってはいなかったくらいです。

スポーツの世界では、良いチームには良い監督が存在しています。野村克也氏や落合博満氏には自分のセオリーがあり、それを選手に教え続けました。名選手であり名監督である彼らの教えを細部にわたって伝え聞けるという恵まれた環境下にいるから、良い監督の元には良い選手が育つのだと私は思います。しかし、ビジネスには監督やコーチなど、通常はいません。

日本社会では、新卒で大企業に入社すると、充実した教育システムでしっかりと社会人教育をしてもらうことができます。名刺の渡し方やビジネスメールの書き方などを、一から丁寧に教えてもらえるのは、新卒ならではの恩恵です。大企業に入れば、大企業で生き抜くための教育システムがあり、それを叩きこまれます。

しかし日本市場は、一度企業を辞めてしまうと、教えてくれる人はいなくなります。自分で会社を興したり、新規事業を立ち上げたりしても、そばで叱咤激励し指導してくれる人はまずいないため、起業家はとても孤独です。事業を立ち上げ、一度走り始めたら、限られた時間の中で、売上を上げるために走り続けるしかありません。そうすると、目先のことにとらわれてしまい、ますます大変になりがちです。それで上手くいく人はいいのですが、それはたまたま時代に合っていたとか、運が良かったとか、センスが良かったということが多く、みんながそう上手くいくとは限りません。

これから新規事業を立ち上げる場合は、武器とノウハウをしっかり準備しておかないと、がむしゃらに頑張るだけでは上手く進むことはできません。最初に作ったシナリオをもとに、数値に落として海図を作り、5年、3年、1年、四半期、月次計画のシナリオを作って文章化し、目標に到達させるために、チームメンバー全員に定量化した達成目標と定量化された成果指標を与える、それが新規事業を軌道に乗せるためのポイントになります。

目標を実現するための一つひとつの要素、達成目標、成果指標は、日々定量化させておくことを意識します。そして、担当者一人ひとりに関しては、

●どこまで達成できているのか
●現時点の数字はどれくらいなのか
●オントラック（順調）なのか、オフトラック（順調ではない）なのか
●課題となる点はどこなのか

これらを常にチェックし、毎週、日報のように「見える化」することが大切です。一人ひとりに測定可能で実行可能な達成目標と成果指標をアサイン（割り当てる）することによって、毎週のようにいい意味で追い詰めていくのです。「見える化」により、チーム全員が達成目標や成果指数を見られる状態になっているので、それが武器になっていくはずです。

これは、スポーツに例えるとわかりやすいかもしれません。どんなスポーツも、上達に向けては「真似すること」から始まります。たとえ、練習の仕方がすぐにわからなくても、見様見真似でやるだけでもコツはつかめたりするもの。そこで先輩やコーチに習い、周りに見てもらうことで、どんどん上達し実力を付けていく、それが上達の鍵というのは、誰もが知っているのではないでしょうか。何をしたらいいのかわからないからといって、何

もせず工夫もしなければ、いつまで経っても上達はしません。

この章を通じて、市場を理解し、事業計画書を作る大切さを理解してほしいと私は考えています。あまり難しく考え過ぎると実行できなくなるので、まずは自分のできる範囲で、基本的な海図を作ってみてください。そして、その海図を実現するための達成目標と成果指標をエクセルに書いて、社員一人ひとりに明確に指示します。そうすることで、チームのみんながどれくらい達成しているか、日々前進しているかどうかが明確にわかります。ぜひこの3章でお伝えしたことをもとに、しっかりと事業計画書を形にして、事業に活用してください。

次章では、ハリウッド映画に学ぶ「ブランドのストーリー展開」について紹介します。自分たちが展開する事業を、オーディエンス、消費者、お客様にどう伝えるかを考えていくというもので、これまでとは少し異なることをしていきます。この章までは、事業でどう勝つかという戦略作りをしてきましたが、次は外向きのコミュニケーション法、自社の価値をどう世の中に広めていくかが課題になります。自社の価値を世の中にどう広めるかについて、次の章で一緒に考えていきましょう。

FOUNDER MINDSET

第4章

物語の形成

ハリウッド映画に学ぶ
ブランドストーリー展開

なぜハリウッドから学ぶのか

第3章では、海図（事業計画書）の作成を通し、市場でどう勝つかの戦略について考えました。海図をしっかりと作成するには、宝島を実現するシナリオを数字に落とし込み、売上だけでなくコストを試算することが大切です。

自分たちの事業が差別化できており、魅力的な内容であるのを証明することは、自分たちの未来を切り開くことにつながります。海図作りは、事業を支える軸作りであることを、おわかりいただけたのではないかと思います。

第4章では、外部へのコミュニケーションに重きを置き、自社の価値をどう世の中に広めていくのかについて掘り下げます。

ブランドストーリーの参考にするのは、アメリカのハリウッド映画です。世界中の人を魅了するハリウッド映画から、ブランドストーリー展開について学んだことを、5つのステップを通して紹介します。各ステップにおいて、自分のビジネスだったらどのように表現するのか、イメージしながら読み進めてください。

自社ブランドである「Shikohin」を立ち上げた時に、いろいろな壁にぶつかりましたが、その一つがウェブサイト制作でした。「Shikohin」の売上は、代理店や小売店等を介すことなく、消費者に直接商品を届けるD２C（Direct to Consumer）の販売チャネルに大きく依存します。

そのため、消費者に商品のことを知らせる手段は、自社のウェブサイトが大きな役割を担います。いわば、商品の売れ行きはウェブサイトの出来具合にかかっているともいえます。ですが、立ち上げ当初の「Shikohin」のウェブサイトには、とにかく商品のことを前面に出してアピールすることばかりに意識が向いていて、お客様が知りたい、または注目する情報が掲載されていないことに、私は気づいていませんでした。

顧客の立場になるとわかることですが、ウェブサイトにおいて顧客が知りたいのは、商品についての概要ではありません。

「Shikohin」でいえば、扱う商品が他社とどう違うのか、それを使うとどのようなメリットがあるのか、ユーザーになるとどのようなことを得られるのかを消費者は知りたいのです。

つまり、会社はウェブサイトを通して、自社が提供する価値はどのようなものなのか、差別化されたメッセージを使い、お客様にわかりやすく説明することをしなければなりません。新規ブランド立ち上げにおいて、ウェブサイトが果たすべき大きな役割は、お客様にブランドのファンになってもらうことなのです。

ウェブサイトの情報で必要なのは、「Shikohin」にまつわるストーリーをお客様に提示すること。「Shikohin」というブランドがどのような世界観を持っているのか、このブランドがお客様の満たされていないニーズをどのように満たすのか、お客様にとって本当に価値あるものをどのように提供していきたいのか。まずはこれらの情報をしっかりと掲載しなければなりませんでした。

しかし私はそれに気づかず、「Shikohin」の正体について明かすことをしないまま、「Shikohin」の商品を押し付けるかのようにＰＲばかりしていたというわけです。

間違いに気づいた私は反省し、「Shikohin」ブランドについてお客様に理解していただくことを考えるようになりました。そこで、ブランドについて何かしらのストーリーテリングが必要と感じるようになった時に、ヒントとなったのが映画です。

ブランドストーリーは、短時間で要点を明確に、かつわかりやすく伝える必要があります。その点、アメリカ映画はとにかくわかりやすいのが特徴で、特にハリウッド映画は、最初から最後までストーリー展開が理解しやすく、作品の持つメッセージ性もシンプルで明確です。この「わかりやすさ」こそが、ブランドストーリーに欠かせない要素であり、それを学ぶにはハリウッド映画が最適なのではと私は考えるようになりました。幸運なことに、ロサンゼルスに住む私には映画関係の仕事をしている知人がたくさんいたので、彼らから映画を製作するためのノウハウを学ぶことができました。

まず映画産業に関わる人たちは、作品ごとに投資家にアプローチし、その作品が観客にとってどれほど面白いと感じさせるものか、どれほど観客が作品を観たいと思うのか、興行成績はどれくらいを見込めるのかについてプレゼンテーションを行い、製作費用を獲得しなければなりません。

つまり、プレゼンテーションをして資金調達を行い、映画製作から公開までを展開するというプロセスを踏むわけですが、有形商品で特許もあるというのなら、資金調達の成功確度も高くなるでしょう。しかし映画は無形であり、特許もありません。しかも、プレゼンテーションの時点では構想の段階なわけです。であるにもかかわらず、投資家を説得し、何十億という資金を得るわけですから、私はその手法に強い興味を持ちました。

ハリウッド映画に携わる人たちが、どのような形で映画を構想し、人々が夢中になるストーリー展開を生み出すのか。私はそれが知りたくて、様々な人に片っ端から話を聞いて回りました。そして、どのように話を展開すれば人々が夢中になるストーリー展開が実現するのか、ストーリーの構成はどうすればいいのかを研究し、それを自社のブランドストーリー展開に取り入れることを学んだのです。

またハリウッド映画の場合、興行成績が良い映画には法則があるといわれています。この法則があるからこそ、わかりやすく面白い作品を生み出せているわけですが、法則を知れば知るほど、それらのほとんどをビジネスに活かせることに私は気づきました。

ハリウッド映画の主人公が、様々な苦難を乗り越えて真のヒーローとなるまでのストーリー展開も、自社のブランドストーリー構築に必要となる要素を含んでいます。これを上手く活用すれば、自社の店舗やウェブサイトにおけるバウンスレート（ウェブサイトを訪問したユーザーが、最初のページだけを見てサイトから離脱してしまう比率。直帰率）を下げ、コンバージョンレート（購入や問い合わせなどの最終成果に至った件数の割合）を上げるための、自社ブランドストーリー作成を実現することができるのです。

自社の商品やブランドの価値を人々に知ってもらうためには、どれだけわかりやすく伝えることができるかを重視しなければなりません。また、ブランドストーリーにわかりやすいドラマ性がないと、お客様を飽きさせてしまいます。加えて、インパクトのあるメッセージ性も必要です。これらの要素をすべて持ち合わせ、わかりやすい法則で構成されるハリウッド映画に習わない理由はない。そう感じた私は、ハリウッド映画のストーリー展開に沿った形で、自社のブランドストーリーをまとめる方法を思いついたのです。

提供価値の明確化
——顧客である主人公は何を成し遂げるのか

ここからは5つのステップに分け、ブランドストーリー展開について説明していきます。各ステップをイメージしやすいよう、映画『スター・ウォーズ』を例に挙げながら進めていきましょう。

ハリウッド映画は、どの作品においても冒頭部分が明確です。観客は冒頭を観た段階で、その映画の面白さに期待し、直感的に把握できる構成がされています。

ハリウッド映画の代表格である『スター・ウォーズ』は、世界中に熱心なファンがいる作品です。映画は見たことがなくても、作品名は知っている人も多いのではないでしょうか。歴史に残る大作であり、長きにわたり多くの人に愛されている名作です。

『スター・ウォーズ』について少し説明すると、この物語の主人公であるルーク・スカイウォーカーは、幼い頃に両親を亡くし、親戚のラーズ夫妻に引き取られて育ちます。ルークは叔父が営む農場を手伝いながら成長しますが、ある日、悪の銀河帝国軍に農場を襲撃され、叔父と叔母を殺されてしまうのです。すべてを失ったルークは、ジェダイの騎士になると決め、悪の銀河帝国軍に復讐を誓う……これが『スター・ウォーズ』の冒頭部分です。この説明だけでも、この後のストーリー展開を何となく想像できるのではないでしょうか。

『スター・ウォーズ』の冒頭では、最初に説明が出てきます。その説明を読むと、ストーリー展開やシチュエーションがひと目でわかるように構成されています。冒頭部分を観ただけで、ルークが何を成し遂げようとするのかを観客は瞬時に理解し、その上で先の展開を楽しみにできる。つまり、冒頭のみで観客の心を一気につかみ、映画の世界に引き込むことができるように構成されているのです。

映画の配給会社が「この映画を見ると、どんな楽しみを得られるか」を冒頭で説明することを、自社の商品やサービスを売ることに置き換えて考えてみましょう。

自社のスキンケアブランド「Shikohin」を立ち上げたことに例をとります。まず私がしなければならないのは、自社のスキンケアブランドである「Shikohin」が何を提供できるかを、わかりやすく説明することです。最初のアプローチは、「日本の天然由来の素材を使った安全安心なスキンクリームで、年齢を重ねても健康的な肌を維持できる」こと。これを読むと、日本人のように健康的できめ細かな美しい肌を維持できることが簡潔にイメージできるのではないでしょうか。

不動産業だと、「鎌倉・藤沢・大船の三角地帯を専門に、湘南の生活を満喫できる優良住宅物件の売買と賃貸サービスを提供」というアプローチにします。これを見たお客様は、「鎌倉・藤沢・大船の三角地帯を専門としているんだ」「湘南地域で優良物件を取り扱っているんだ」「家を買うかどうか迷っているけど、この会社だったら賃貸も紹介してくれるんだ」と思ってくれるでしょう。このアプローチにより、お客様に会社の得意分野と利用するメリットを明確に伝えることができ、お客様はどのようにこの会社を利用すればいいか、具体的なイメージを持つことができるというわけです。
人材派遣業であれば、どのようなアプローチが必要でしょうか。例えば、「医療事務に専門性を有する経験者の派遣サービス」と謳ったとしましょう。職業の派遣サービスといえば、経理などの事務職や工場などの技術職を思い浮かべる人が多いと思いますが、この会社は医療事務に特化していることが瞬時にわかります。医療事務は、患者の保険証の種類によって自己負担割合が異なったり、診療報酬明細書を計算する際に正確な疾病名を医師に確認する必要があったりと、雇用側が必要としている経験値や技術、専門性を持つ人を探すのは大変です。しかし、この会社は医療事務の業務に特化しているわけですから、それなりの経験値を持つ優秀な人が即戦力として揃っているのではないかと期待させることができます。

要は、ウェブサイトを見た人が、その会社を通してどのような価値を得ることができ、どのようなサービスを提供してくれるのかをわかりやすく理解できれば、おのずと人は集まるということ。それこそが、ウェブサイトにおける冒頭部分になるわけです。映画を見る観客がストーリーに集中して釘付けになるように、自社のウェブサイトにアクセスしたお客様を釘付けにしなければなりません。そこで考えておかねばならないのが、次のことです。

●自社のお客様となる人々が、自社の商品やサービスから得られる価値は何なのか
●それを採用したら、お客様の人生や生活はどのように良くなるのか
●もう少し深く掘り下げて、それを阻害する要因や、そうさせないものは何なのか
●なぜ今、それを買わなければならないのか
●買ったらどんな良い生活が待っているのか

このシンプルな部分を、とにかくよく考え、適切な言葉で言語化しなければなりません。なぜなら、これが映画の冒頭部分に当たるからです。冒頭部分が明確でなければ、お客様はそれ以上読み進めてはくれないでしょう。

ここで一つ事例を紹介しましょう。

私が新規事業育成ファンドで手掛けている「LUNCH BUNCH」です。小学校向けに、美味しくて栄養が豊富なランチを提供するサービスです。このランチを通して、子供たちになぜ食事が大切なのか、なぜ栄養を考えて食べたほうがいいのかなど、心身の健康には食事が大きく影響していることを知ってもらう教育も提供しています。

同社のウェブサイトでは、最初のページで、「味わうことの楽しさを覚え、食に対する探究心や理解を深める。楽しく栄養がある食事を小学校から高校まで、ロサンゼルス地域限定で提供しています」と紹介していますが、ここでは地域や価値などについて明文化しています。また、ベジタリアンやヴィーガンにも柔軟に対応し、地域で採れた食材を使っていること、安価で提供することなども詳しく紹介しています。

ウェブサイトの構築やプレゼンテーションで大切なことは、最初の数分で自社や自分が何を提供できるのかを明確に提示することです。難しい表現を使うのではなく、とにかくわかりやすく簡潔に、誰もがわかるようにしておかなければなりません。「ハリウッド映画はわかりやすくていいね、面白いよね」ということがあるからこそ、観客は最初から最後まで熱心に映画を観てくれるのです。

それはウェブサイトも同じで、シンプルでわかりやすく、そして相手が期待できるサイトを実現するためにも、自社の商品やサービスのストーリーを作ることにしっかりと時間を使いましょう。そして、お客様が行動を起こしたい（買いたい）と考えた時に、すぐに行動できるようにしておきます。

これは、マーケティングにおいても同様の考え方をします。明確でわかりやすくないと、人々はすぐ飽きてしまい、バウンスレート（直帰率）が上がってしまいます。せっかく良い商品やサービスを掲載していても、お客様はそれを見ることなく去ってしまうかもしれません。だからこそ、あなたの会社の価値や、どのようなサービスやソリューションを提供しているのかをわかりやすく説明し、提供しなければならないのです。

人々に自社の商品やサービスを売り込む前に、自社と関わると具体的に何が得られるのかを理解していただくこと。それが映画でいう冒頭部分であり、商品を売るために欠かせないことです。

今ある課題の整理
——主人公を阻止する悪役は誰か?

映画には、必ず悪役が登場します。『スター・ウォーズ』でいうと、ルーク・スカイウォーカーの最初の敵はダース・ベイダーです。そのダース・ベイダーは、後にルークの実父であることが明かされ、また次なるドラマの展開につながるわけですが、そのダース・ベイダーは、実は銀河帝国の皇帝に苦しめられています。

ハリウッド映画のストーリーには、必ずわかりやすい悪役が必要で、観客は正義の味方が悪役を倒すことに快感を覚えます。では、自社の商品やサービスに関連する悪役とは何でしょうか。それは、既存商品やサービスに対して、顧客が満足していない「要因」自体を指します。消費者は自分が本当は何を欲しているのか、どのようなものが自分に必要なのかをわかっていない人が多いのです。だからこそ、その満たされないニーズこそが敵であり、その敵の正体を顧客に提示する必要があるということです。

ここでは、その要因を徹底的に洗い出す方法を説明していきます。お客様が商品を買う時に満たしたいと思う課題、お客様が経験している課題、言い換えれば人々が満たされていないニーズ。それは、３つの観点から整理することができます。

人々が満たされていないニーズ

既存商品やサービスの問題点を洗い出し、整理のときには、物理的要因、精神的要因、社会的意義を書き出していきます。

①物理的要因：お客様が経験している課題もしくは満たされないニーズ
②精神的要因：それにより課されている精神的ニーズ
③社会的意義：それにまつわる社会的意義

これを電気自動車にあてはめると、次のようなことが浮かびます。

①物理的要因：車が必要
②精神的要因：最先端技術、トレンドに接していたい
③社会的意義：環境問題（ＳＤＧｓなど）に貢献する人になりたい

今、アメリカではテスラの自動車が売れていますが、アメリカで生活するには自動車が欠かせません。加えて、アメリカでは最先端技術やトレンドに接していたいと考える傾向が強いです。

テスラは、社会的意義や購入者がどのようなメリットを得られるかをアピールすること

にとても優れています。タイミングが良かったのもあると思いますが、そのわかりやすさがあったからこそ、今の地位を築くことができました。

右記を、スキンケア商品に置き換えて考えてみたところ、次のような要因があると考えられます。

①物理的要因：自分の肌に対して効果がある商品を買いたい
②精神的要因：店舗やネットで選びたくても、商品の種類が多すぎて、選ぶことがストレス
③社会的意義：地球に優しく、自分が応援したくなる商品を選びたい

この段階で大切になるのが、「〇〇という要因がある」と、ただ伝えるのではなく、「〇〇のような問題を抱えている」ということを、お客様とともに再確認することです。映画でいうと、ルーク・スカイウォーカーはダース・ベイダーや悪の銀河帝国を倒さないと、自分が得たいと思っている目的を実現することはできないことを、観客が理解することが大切です。そこを理解しないと、先のストーリーを楽しめないからです。

スキンケア商品でいえば、なぜこの会社で買わないといけないのかを理解してもらうた

めに、まずはお客様自身が抱える満たされないニーズとは何かを明確に気づかせてあげる取り組みが必要になります。

お客様は、自分の肌に合い、望む効果をもたらす商品を買いたいと願っています。しかし、そんな商品になかなか出合えない。それが物理的要因です。世の中には数えきれないほどのスキンケア商品があり、ショップやウェブサイトで選ぼうにも、商品やブランドの種類が多すぎて、何をどう選べば良いのかがわかりません。そうなると、商品を選ぶこと自体がストレスになってしまいます。

この場合、たいていの人は「とりあえず買う」ことをしがちで、適当に買ってしまいますが思うような効果が得られず、不満が残ってしまいます。また、別の側面としてSDGsなどの影響もあり、地球に優しく、自分が応援したくなるような商品を選びたいと思っています。

ですが、お客様自ら探すことは難しいですから、お客様がしっかり認識できるようにすることが、自社ブランドの役割の一つであることをきちんと理解しましょう。

自社のウェブサイトに課せられたミッションは、お客様自身が自分の肌に本当に効果のある、パーソナライズされた商品を心から納得して購入できるようにサポートすること。

そこを見逃してしまうと、いくら良い自社ブランドストーリーを作っても、お客様の心をつかむことはできません。

顧客の信用を獲得
――悪役を退治するためのサポーターは誰か?

ここまでは、自社の商品やサービスの提供価値、およびお客様における課題、ニーズを明確にする大切さを説明してきました。お客様は、自社ブランドがどういうものを提供しているのか、自分が抱えている満たされないニーズとは何かを自覚しているとは言えません。実はお客様自身はそれを満たしたいと思っていることを簡単に理解できるストーリーの冒頭部分をこちらでは用意しなければなりません。

それができたら、次にやらないといけないことは、お客様からの信用を獲得することです。解決方法を提示したとしても、それを提唱している人や会社の正体がわからないと、人はなかなか信用するまでには至りません。

例えば、映画ではどんなストーリーにおいても、主人公にとって難敵となる悪者が現れ、主人公を苦しめ続けます。主人公は何かしらの解決を試みようとするも、問題が山積みで前進できなくなります。追い詰められた状況になった際に、必ず登場するのがサポーターとなる人物やキャラクターです。

『スター・ウォーズ』でいうと、悩めるルーク・スカイウォーカーに手を差し伸べるのが、生ける伝説と称されるジェダイ、マスター・ヨーダです。ヨーダは、『スター・ウォーズ』シリーズのほぼ全作品に登場しているシンボル的キャラクターで、サポーターとなる要素を十二分に持ち合わせています。ヨーダはルークが迷ったり、悩んだりした際に、ルークの気持ちを酌み取りながらも、適切な助言を与え、ルークに行動を起こすことを促し続けます。ハリウッド映画においては、サポーター役の登場は珍しいことではありません。

主人公にとって解決者となるサポーターは、大抵の場合2つの特性を有しています。

1つ目の特性は、その道において高い専門性や特殊なライセンスを取得していること。これは信用に値する権威として、一瞬で観客を納得に導きます。

もう1つは、主人公と同じような苦難を乗り越えた経験を持っていること。つまり、サポーターには共感性があるということです。『スター・ウォーズ』の場合だと、ヨーダは銀河最強の剣士という設定で描かれています。

また、ヨーダ自身が銀河帝国と長きにわたり戦ってきた経験を持つことから、ルークと同じような経験や苦難を味わっているという要素も持ち合わせています。ルークがヨーダを信用するに至ったのは、自分と同じ感覚を持ち、ヨーダから様々なことを得ることができると確信したから。ヨーダの持つ専門性や得意分野は、ルークが目的を達成するためには欠かせないものだからです。

ビジネスも映画同様、お客様から信用してもらわなければなりません。お客様がこのブランドは信用できる、この会社であれば信用できると思ってくれるからこそ、次の行動につながるわけです。

スキンケア商品の場合だと、お客様に信用してもらうために必要な特性として、この人だったら信用に値すると感じさせる「業界の経験」や「専門学位の証明書」、「特許」などを有しているということが挙げられます。また、多くの成功事例を熟知していることや、業界での経営経験年数など、人々の信用を勝ち取るための権威や信憑性の裏付けになるシナリオがあることも欠かせない要素でしょう。

特性のもう1つは、なぜこの人の話を聞きたいか、なぜその人の話に共感するのか、その人の問題解決に対する考え方やスタンスなどが明確に示されることです。それにはまず、なぜこの問題解決に取り組みたいと思うようになったかというストーリーを見せることが大切になります。例えば、スキンケア商品のストーリーとしては、次のようなものがあります。

●創業者が子供のころ、肌が荒れてつらかった時に、祖母から自然の薬草を教わり肌に塗ったことで、肌がとても綺麗になった経験を持っている
●その経験から、より多くの人に自分と同じような経験をしてほしいと思い、その薬草からスキンケア商材を作った

右記のようなストーリーを知ると、おそらくお客様は商品開発のきっかけとなるストーリーをリアルにイメージすることができ、共感を呼ぶはずです。肌荒れを経験していること、肌荒れのつらさを知っているということは、親近感さえ抱かせるかもしれません。

また、ファウンダー自身に専門性がなくとも、開発パートナーに専門性があれば問題あ

りません。医師免許を保有していて、医療業界で20年勤めている専門家とタッグを組み、そのパートナーが科学的な観点から商材の有効性を説明すれば、それはお客様にとって十分に信用に値する特性となるはずです。

もちろん、医師以外の医療分野の研究者やエステティシャン、スキンケアや皮膚にまつわる特許を持つ人でもいいでしょう。要は、専門性がある人を登場させ、お客様が納得するように仕向けることが大切なのです。

また、商品やサービスを使った際のビフォー・アフターを見せることも効果があります。リアルな成功事例は大きな反響を呼ぶ力を持ちますから、上手く活用したいところです。その分野の権威ある人にお願いし、商品やサービスのエビデンスを証明してもらうのも有効です。これらは商品やサービスに論理性を持たせる力があるため、お客様からの信用を得るための武器となるはずです。

もう1つの共感性は、主人公であるお客様の気持ちをつかめるよう、会社の問題解決に対する考え方やスタンス、その問題解決に取り組みたいと思ったストーリーを示すことで得ることができます。ここで意識したいのが、そのためにはファウンダー・ストーリーを紹介することが重要ということ。その事業を始めた人のストーリー、つまり、会社ではなく個人のストーリーを紹介します。

人は、一企業よりも、一個人の話に惹きつけられます。前述した、小さい頃の肌トラブルや、薬草で症状改善をしたストーリーは、身近に感じさせる要素を多く含むため共感を得やすいでしょう。

前提となる背景や思いをきっちりと説明してから、信用に値する経歴や実績を持つ人の話を入れることで、ようやくお客様からの信用を得ることができます。このステップを踏まないと、お客様は自社ブランドのファンにはなってくれません。ここは必ず押さえるべきステップであることを、強く意識してください。

解決方法の明確化
――どうすれば悪役を退治できるか?

お客様の信用を得ることができたら、次に着手するのは解決方法の明確化です。

ルーク・スカイウォーカーは、すさまじく強力な超能力を持っていました。しかし、彼はその力をどう使えばいいか知らなかったのです。その力を最大限発揮できれば、ルークはダース・ベイダーを倒すことができますが、彼はそれに気づいていません。そこで登場するのがヨーダで、ヨーダはルークに力の扱い方を教えるだけでなく、それを発揮することで目的を達成できることを明確に教えたわけです。

これをビジネスに置き換えると、自社がお客様の悩みに対してどのような解決策を提示できるのか説明し、論理性と共感性を用いてお客様から信用を得た後、次はお客様の持つ悩みに対して、何をすれば解決に至るのかを明確かつ具体的に示す必要があるということです。

ここからはスキンケア商品を事例に、お客様に対してどのように明確な解決方法を示すのかを紹介しましょう。

おさらいしますが、お客様の抱えている要因は次のものになります。

①物理的要因：自分の肌に対して効果がある商品を買いたい
②精神的要因：店舗やネットで選びたくても、商品の種類が多すぎて、選ぶことがストレス
③社会的意義：地球に優しく、自分が応援したくなる商品を選びたい

例えば、①の物理的要因を明確に解決するための手段として、簡易な肌の診断サービスを無償で提供します。ウェブサイトに「YES」「NO」方式で選択していく診断テストページを掲載すれば、お客様がそれを試すことで、肌状態を把握する基準ができます。

店舗だと、タブレットなどで簡易に診断できるようなシステムを作るといいですね。システムを導入した上で、主人公であるお客様がすぐにアクションを起こせるようにCTA（コール・トゥー・アクション）ボタンをわかりやすく提示するのです。そうすることで、お客様はウェブサイト、もしくは店舗で、すぐに行動する（買う）ことができます。

そのような動線や仕組みがなく、購入までにいくつものステップがあると、そこでお客様は購買意欲を失ってしまうでしょう。簡単に行動に移せる仕組み作りは、お客様の背中を後押しする〝決め手〟となります。

まとめると、次ページの図のようになります。

ウェブの簡易診断で出たデータをもとに商品を提案し、お客様には「お試しセット」を無料、もしくは安価で提供できるようにします。そうすることで、商品の種類が多すぎて悩むという精神的要因を解決することができます。お試しセットを使っていただき、商品に効果を感じたり、使用感が気に入ってもらえれば、「30日以内に申し出があれば全額返金」という条件付きの年間サブスクリプション契約を締結します。そうすることで、物理

自分の肌質がわからない／何を選べば良いのかわからない

ステップ①

店舗やウェブサイトで「肌の診断テスト」を実施

ステップ②

それで判明したデータをもとに、お試しセットをプレゼント

ステップ③

お試しセットを気に入り、継続して使用したい方向けに、
「30日以内に申し出があれば全額返金」という
条件付きの年間サブスクリプション契約を締結

的要因と精神的要因をより明確に解決することができます。また、社会的要因となる社会的意義についても、たとえば詰め替え商品を用意したり、パッケージを工夫したりすることで、お客様のニーズを満たすことができます。

このステップで大切なのは、お客様に打ち解けて「もっと話を聞きたい」と思ってもらうこと。明確なデータを基にお客様に合った商品を選択し、それをお試しで使ってもらいます。気に入れば購入してもらえますが、返金保証制度を導入し、費用面に対する不安をしっかりと和らげ

ることが大切です。このようなストーリーを提示できれば、主人公であるお客様は、信頼のおけるシナリオであると理解することができます。

また、人は「こういう問題解決があるよ」「簡単に解決できるよ」「今すぐアクションを起こしましょう」「このボタンを押して、すぐに解決に取り組みましょう」と、何度もしつこいぐらいに念押しをされて初めて、アクションを起こします。逆を言えば、それくらいしないと人は動かないということです。

『スター・ウォーズ』でも、ヨーダはルークに「お前なら大丈夫だ、行け！」と、何度も背中を押し続けます。ルークが動かないと世界がどのような悲惨なことになるか、リアルにイメージさせるよう何度も説き続け、それでようやくルークは行動に移すわけですが、これはリアルの人間も同じ。

こうすればできるという解決策を具体的に提示したとしても、人はなかなか動きません。それほどに人は変化を嫌い、行動するまでに躊躇するものと心得ておくことが大切です。ウェブサイトであれば、ページが変わるごとにしつこく購入ボタンを置いておく、そのような工夫も要るでしょう。そうまでしても行動を起こさない人に対して何をすればいいかについては、次のセクションで紹介します。

顧客を動かす心理効果
――真のヒーローになるためには？

お客様に行動を喚起させる仕掛けができたとしても、それでも人は簡単に動きません。行動を変えることにおいては、人は必ず躊躇し迷うものだからです。では、次に何をすれば良いのでしょうか。

『スター・ウォーズ』では、ルーク・スカイウォーカーが行動してデス・スターを倒さなければ、自分たちが生活する惑星を破壊されてしまうことがわかっています。

だからこそ、ルークは立ち上がるしかありません。ルークがデス・スターを撃破したら、今まで苦しめられた人たちが自由に生きられる世界になり、ルーク自身も目的を達成できますし、彼はヒーローになることができます。『スター・ウォーズ』に限らず、ハリウッド映画では、主人公であるヒーロー（ヒロイン）が行動しなければ、世の中が終わってしまうという、主人公を追い詰めるストーリー描写が多用されています。

世界が危機的状況に陥り、まわりから「だから、もうお前しかいないんだ」と主人公は説得され、生きるか死ぬかのギリギリのところを主人公が踏ん張り続けることで、最終的に戦いに必ず勝ち、平和が訪れる……そのようなストーリー展開を、観客みんなが望んでいるといってもいいでしょう。そうなるとわかっているけれど、それでも観たくなるのですから、人の心理はわからないものです。

しかし、簡単に勝ててしまう設定には、人は見向きもしません。なぜなら、もし主人公が「僕が行動を起こさなくても、別に世の中は変わらない」と思ってしまったら、そもそものストーリーは映画として成立しませんし、面白味もありません。そうなると、誰も映画を見ないでしょう。

ビジネスでいえば、「別にこんな商品を買わなくても、自分の人生変わらない」と思ってしまわれたら、誰も買わないということ。お客様の抱いている3つの要因（物理的要因・精神的要因・社会的意義）を簡単に解決できると思わせてしまったらいけないということです。そうならないためには、お客様の心理を動かす5つの考え方を知り、ビジネスに活かす必要があります。

顧客を動かす5つの心理効果

「恐怖心」――低糖質食品、薬、サプリメントなど、これに取り組まなければ健康を害して長生きできないなど、恐怖に訴える

「異性に愛されない」――取り組まなかったら異性に魅力を感じてもらえず、モテない。取り組んだらもっと異性にモテる。あるいは、思いを寄せる人が振り向いてくれると訴える

「金銭的欲求」――これに取り組まないと、金銭的欲求は満たされない。取り組むと、財政的に裕福になると訴える

「社会的地位・尊敬されたいという欲求など」――これに取り組めば、自分は尊敬される。周囲や社会からよく思われ、自己肯定感や承認欲求が上がることを示す

「取り残されることへの恐れ」――それを買わなかったり、取り組まなかったりすることで、周囲から劣って見られる。周囲から取り残されることへの恐怖を煽る

自社の提供する商品やサービスに合わせ、これら5つの心理の何かを刺激すれば、それがお客様の行動を促すことにつながります。

ただし注意したいのが、あまりネガティブに煽ってしまうと、お客様が悲観的になり過

ぎてしまうこと。そうなると、何かしらのトラブルに発展することもあり得ますので、程度については十分に注意したいところです。

また、ネガティブに煽るだけに終始してしまうと、お客様の心をつかむには至りません。商品を購入したり、行動を起こしたりしたらどのような素晴らしい世界が待っているのかについても、しっかりと提示します。

映画でいえば、ルーク・スカイウォーカーが戦いに勝ち、世界に平和が訪れ、人々から感謝されるところを見届けたいから、顧客はシリーズを見続けるのです。

つまり、人は「良い未来」を見たいし、実現したいと思うからこそ、行動に対する不安を乗り越えることができるのです。少し恐怖心を刺激したら、必ず良い未来を見せる。その意味では、ビフォー・アフターは非常に説得力を持ち、人の心に響きます。

スキンケア商品を使い続けると、どのような美しい肌が得られるのか、ビフォー・アフターを活用して、良い未来をリアルに見せることで、よりお客様からの信頼を得ることができるということです。

企業のファウンダー・ストーリーも忘れない

ブランドストーリーの展開について、理解いただけたでしょうか。

まずは主人公であるお客様に対して、自分たちが提供する価値をきちんと理解してもらい、お客様が抱いている課題を認識してもらうこと。次に、自分たちはお客様と同じ経験をしてきた同類であり、お客様の抱く課題を解決することができるという、信頼に値することについても提起します。そして、どうすればその課題を解決できるのか、明確に解決策を提示します。

しかし、人は変化を嫌う生き物であるため、お客様はすぐに動きません。そこで、あの手この手を使って行動を起こすように持っていきます。

そこで活用するのが「顧客を動かす5つの心理効果」で、様々な種類の望まない未来を明解に提示し、一方で明るい未来についてもしっかりと提示する。

それこそがハリウッド映画を成功させるシナリオです。この要素を取り入れ、ビジネスにもブランドストーリーを展開すれば成功するという考えのもとに、ビジネスを展開してください。

ポイントとなるのは、「共感性」を重視すること。一昔前は、機能面さえしっかり説明できれば人を動かす（買ってもらう）ことができました。しかし、今は違います。会社やブランドの価値をしっかり理解すると同時に、共感できる人から買いたいと考える人が増えました。

だからこそ、昔とはモノの買い方が全く変わってきていることを十分に意識し、ビジネス展開を考えることが重要です。映画を観るすべての人を楽しませるハリウッド映画のストーリー展開に習う必要があることを、再度念押ししておきます。

『スター・ウォーズ』のルーク・スカイウォーカーは、最初からヒーロー役を演じているわけではありません。葛藤や深い悩みを抱えながら、何度も挫折しそうになり、ヒーローとはいえない、いうなれば非常に人間臭いキャラクターとして描かれています。

しかし、サポーターとなるヨーダと出会い、様々なサポートと後押しを受け、覚悟を決めて悪に立ち向かう強さを得ます。そのルークの変容こそが、観客を惹きつけてやまず、ルークの姿を観客が自分に置き換えて共感し、感情移入するからこそ、長く愛される作品として君臨することができています。
ビジネスに置き換えると、同様のストーリー展開をするからこそ、お客様の中に根付き、長く愛される商品やサービスに育てることができるということです。

もう一つ、お客様の行動を動かすことにおいて、非常に重要な意味を持つのが「キャラクターを作る大切さ」であることも伝えておきましょう。
『スター・ウォーズ』がなぜ、あれほどの長きにわたり人気を保てているのかというと、もちろんシナリオの秀逸さや作品自体の世界観などもありますが、強烈なキャラクターを持っていることが挙げられます。ヒットする映画やテレビ番組には、キャラクターがしっかりと作られていることが有名です。それぞれのキャラクターがわかりやすく、何を得意とし、何を成し遂げようとするのか、すぐにわかる設定になっています。

ビジネスにおいても、このキャラクター設定は重要な意味を持ちます。特に、ファウンダー・ストーリーは大切です。ファウンダーがどのようなキャラクターを持つのか、そこに人は大いなる興味を抱くことがわかっているからです。ファウンダーのキャラクターは、自社で一番尖っていて、理解されるものでないといけません。自社のブランドストーリーについては詳細にお話ししましたが、それを語る伝道者であるキャラクターが何を得意とし、何を成し遂げようとするのか、それを明確にお客様に述べる必要があるということです。

その会社のストーリーを伝える役割を担うのは、やはり中心人物である代表者であるべきでしょう。

だからこそ、ウェブサイトにおいては、ファウンダーがしっかりと顔出しをして存在感を示し、思いや経験、お客様に対して願うことを明確に説明しなければなりません。それが、アメリカのビジネスにおいては非常に大切になります。おそらく、日本もそうでしょう。

もしあなたがファウンダーを目指すのであれば、新規事業立ち上げに取り組みながら自分をどのように見せるのか。その点もしっかりと考える必要があります。自身のキャラクター設定を明確にした上で、自分の思いを盛り込んだストーリーを説明できるようにしなければなりません。

数ある選択肢の中から自社商品やサービスを選んでもらうには、顔出しは恥ずかしいとか、自分は前に出たいタイプではないなどという葛藤をのりこえ、覚悟を決めて自分のキャラクターを前面に押し出していく必要があります。
もし、どうしてもそれができないという場合は、自分の代わりとなるスポークスパーソンを立てて、自社を象徴するようなキャラクターを作りアピールしていくのです。それをしなければ、多くの人に知ってもらい覚えてもらうのは難しいということです。

日本人は、「キャラクター作り」に長けている人がとても多いです。個性と癖が強く、尖ってはいるもののなぜか多くの人を惹きつけるカリスマ性を持つ日本発のアニメのキャラクターは、世界中で愛されていますよね。

『ポケモン』や『ドラゴンボール』、『鬼滅の刃』、『ONE PIECE』、『キャプテン翼』など、世界中で長く愛されているキャラクターの作品を多数持つ国はあまりないかもしれません。

しかし不思議なことに、日本人は一様に自分自身のキャラ作りを避けたい人が多く、ビジネスでも自分が前に出るのは苦手という傾向があります。おそらくですが、これは国民性や日本の教育の影響があり、「和」を大切にし、「みんなと同じ」「調和」を重んじる教育を受けてきたからではないでしょうか。

日本人は、小さな頃から自己主張したり、みんなの前に立ってプレゼンテーションをする機会がありません。目立つことをすると「出る杭は打たれる」と教えられますから、自己主張すること自体に罪悪感を抱いている人も多いでしょう。だからこそ、アニメのような疑似キャラクターを作り上げ、それに思いを転写して表現するのが得意だとも考えられます。

しかし、表現する才能自体は、多くの人が持ち合わせています。だから、それを自分で表現できるようにしましょう。潜在的才能は間違いなくあるのですから、それを活かさない手はありません。それを躊躇なく表現できるようにするにはどうすればいいかというと、やはりマインドセットの変容が必要になるでしょう。

あなたは、ノウハウを得てそれを武器とし、ネットワークを自ら作り上げる勇気と行動力をどのように得るかについて、本書で学びました。

あとは、「出る杭は打たれる」という先入観を捨て、みんなと同じでなくていいと自分に言い聞かせ、覚悟を決めるだけです。自分のキャラクターを出すことや、プレゼンテーションを恥ずかしがっていては、新規事業立ち上げは無理です。そのような人が、多くのお客様の心を動かすことはできないでしょう。本当に事業を成功させたいのであれば、どんどん「出る杭」になり、どんどん自分を押し出すことです。それができなければ、他社との差別化には至りません。自分がどのようなキャラクターになれるか、もしくは作って演じることができるかが、この時点で問われます。

ここではBtoCのストーリーを中心にご紹介しましたが、BtoBであっても、やり方や考え方は同じです。取引先に対して、自社が提供できる価値をわかりやすく、明確に伝えること。これは、アメリカでのビジネスに欠かせません。顧客となる相手が消費者であっても、企業や法人であっても、やることは同じ。相手に合わせて言葉を選び、相手のニーズをどのように満たせるのかを明確に伝えるようにしてください。

また、伝え方にも工夫が必要です。短く簡潔に言い切ること、大切なポイントは何度もしつこく伝えること。これは日米関係なく、重視し注力するほうがいいでしょう。相手にわかりやすく伝えるのであれば、一番伝えたいポイントを明確にし、それが伝わるよう注力する。いろいろと伝えたくなるかもしれませんが、情報量が多すぎると、伝えたいことが不明瞭になってしまうことも意識するようにしてください。

本章では、自社が勝負する領域を定め、どんなふうに定量的な形で事業を作っていくかというシナリオ作りをした上で、それを自社のブランドストーリーとして、世間にどんな形で紹介するか、紹介しました。多くの人を魅了するハリウッド映画を通し、自社の提供価値の明確化や課題の整理に取り組み、顧客を動かす心理効果を活用しながら、多くの選択肢から選ばれる自社ブランドや商品、サービスの展開を考えていっていただきたいと思います。

事業の方向性と戦略が定まってきたら、次にやるべきは、「仲間作り」です。事業やブランドの拡大において、鍵を握るのは、組織作りと採用であることは明白でしょう。同じ志を持ち、同じ熱量で会社を拡大させるために尽力してくれる仲間の存在があるからこそ、事業やブランドを広げていくことができます。それを実現するには、ファウンダーとしてどのような考えを持ち、志を共にする仲間を作るのかが重要です。

スタートアップにおいて、どのようなリーダーシップを発揮し、組織作りをしていけばいいか、その話を中心に、社員への報酬や就業規則に関する考え方、人事評価や解雇などについても、次章で紹介します。

FOUNDER MINDSET

第5章

同志の結成

夢を実現する仲間作り

新組織の軸を作る

前章までで、海図（事業計画書）作成やハリウッド映画にヒントを得ながら、自社のブランドストーリーの構築方法を説明しました。新規事業や自社ブランドの軸はできつつありますが、その軸をより強固なものとし、事業を拡大させていくためには、仲間作り、つまり共に働くメンバーの存在が欠かせません。

「経営の神様」で知られる松下幸之助氏をはじめとする多くの名経営者は、「企業は人なり」という言葉を残してきました。今も昔も変わらないのは、企業は「人」で成り立つものだということ。上記の格言は新規事業を立ち上げて軌道に乗せることにおいて、本質を鋭く突いている言葉といえるでしょう。

企業が継続的に成長するためには、優秀な人材の採用や育成は必要不可欠です。企業にとって、特にスタートアップにおいては、最大の資産となるのは「人」。自律している優秀な社員がいるかどうかで、スタートアップの未来は決まるといってもいいでしょう。

だからこそ、組織として掲げる基本理念とコア・バリュー（組織の中核となる価値観）を軸に人材を採用し、コーチングを通じて自律型の組織を作り上げることに尽力しなくてはなりません。また、適切な人事評価制度を導入して、状況に応じては解雇する勇気と決断力を持つことも、リーダーに求められる要素です。

第3章の海図の作成では、組織のメンバーを魅了して全員の力を結集するためには、「志が高く、可能な限り大胆な目標を掲げる」ことが大切であると説明しました。

その良い例として、ジョン・F・ケネディが大統領に就任した1962年に、「この10年のうちに、我々は人間を月に運び、生還させる」と、人々の心を奮い立たせるような大胆で高い目標を掲げたことを紹介しました。

ここでは、ジム・コリンズの書籍に載っている言葉を紹介しましょう。ジム・コリンズはスタンフォード大学の教授で、経営に関する書籍を数多く出版している経営学者です。世界中の名経営者に影響を与えたことで知られていますが、現代経営学の父ともいわれるピーター・ドラッカーと同じくらい賞賛され、今も世界中の経営者を虜にしている人物です。

ジム・コリンズの名言はたくさんありますが、今回紹介するのは、彼の代表作である『ビジョナリー・カンパニー』（ジム・コリンズ／日経BP社）から抜粋したもの。世界のビジネスパーソンから愛され、支持されている偉大な経営学者の言葉には、スタートアップが事業を継続するためのヒントがたくさん詰まっています。

「"First Who, Then What" 誰をバスに乗せるか」

誰をバスに乗せるか、最初に人を選び、その後に目標を選ぶ。スタートアップや小さな組織にとっては、「人がすべて」です。ジム・コリンズは、採用を「バスに乗せる」と表現しました。誰をバスに乗せるか、そのことこそが組織の命運を決める――それが彼の主張です。

つまり、新しい事業を始めたり、新しい何かを成し遂げたりする際は、どんな人と最初に行動を共にするのかが組織の命運を決めるということ。起業当初、私はこの言葉に違和感を覚えました。最初に目標や実行計画を決め、それから人を選ぶほうが効率的ではないかと思ったのです。しかし実際に起業をし、新事業を進めていくと、自分が立てた戦略や計画を遂行することがいかに難しいかを思い知りました。

特に、ゼロから立ち上げ新しいマーケットで事業を展開する場合、誰と進めていくかが結果を左右すると実感しています。そういう意味では、この「人を選び、その後に目標を選ぶ」という順は適切だと考えます。

バスに乗せるなら、リーダーと同レベルの情熱を持つ人物が望ましいでしょう。その情熱をともに分かち合い、共感し、行動につなげることができるかが重要です。採用とは、お互いの人生において貴重な時間をともにする仲間を選ぶということ。バスに乗ると手を挙げてくれた人は、人生の貴重な時間をリーダーにかけてくれるわけですから、1分たりとも無駄にするわけにはいきません。

ともに旅路につき、成果を出すためには、お互いのことを理解し、お互いの持つ志や情熱、ビジョンを共有し、共感し合う必要があり、組織においては、それが基本理念にあたるということです。

スタートアップなどの小さな組織で、人員が揃っているところはおそらくありません。だからこそ、高い志はリーダーが作るしかありません。その高い志に対し、賛同する人をしっかりと選び、彼らと一緒に目標を作っていくのです。リーダーが独断で立てた目標の多くは、実現されないと考えるほうがいいでしょう。

それよりも重要なのは、リーダーがリーダーの仕事とは何たるかを理解すること。誰よりも高い志を持ち、人を奮い立たせるような、可能な限り大胆な目標を設定する。それこそが、創業者であるリーダーができる仕事です。

「"Understanding your passion" 情熱を理解する」

小さな組織で新しい事業を始める時は、情熱を持った人を採用しないと先に進みません。せっかく採用したにもかかわらず、「優秀な人なのに、情熱に欠ける」と悩まないようにするためには、採用時に組織の基本理念を理解して賛同し、コミットしてくれる人を選ぶ必要があります。マインドセットと覚悟を共有してくれる人がいれば、事業は着実に先に進むでしょう。そのためにも、「この会社はどういうことを目指して大きな目標を掲げ、どういう価値を提供しながら存続していくのか」という、組織の軸が肝要となるのです。

これは私が実際に経験したことですが、事業を立ち上げた当初は、採用に対して変な割り切りをしていました。スタートアップでは潤沢な資金はありませんから、「この給料レベルなら、これくらいのレベルの人物しか採用できないだろう」と思い込んでしまったのです。

情熱に欠けていると感じても、その人物がそれなりに優秀で、仕事をこなせそうであれば採用しました。しかし、そのような採用の仕方は、自社に良い影響を与えないのです。もちろん、情熱を持ち必死で自社のために働いてくれた人もいますが、残念ながらそうではない人も多くいました。給料分の仕事しかしない、仕事に対する主体性が見られない、仕事が続かないなど、何かしらのほころびが出たのです。

そうなると、雇用は長く続きません。自ら退職する人もいれば、こちらからお願いして辞めてもらうこともありました。そうなると、事業自体に影響が出ます。多くの企業が採用や人材確保に悩むように、私も採用には苦労してきました。

振り返って考えると、採用の段階で私の情熱と事業に懸ける覚悟を理解し、それに共感してくれるマインドセットを持つ人物かどうかを見極めることができれば良かったのです。そこでようやく、採用に割り切りや妥協は不要、ひとつ間違えば事業に悪影響を及ぼすことに気づくことができました。

そこからは、採用の方法をガラリと変えました。マインドセットを持ち、私の覚悟を理解して共有してくれる人物を見つけることに力を入れ始めたのです。そこに安易な妥協や割り切りはありません。求める人物像を具体的にし、理想の人材に出会うまで、粘り強く採用活動を継続しました。

私のおすすめは、自分や事業のことを知る知人や友人に紹介してもらうこと。お互いに事前情報を共有できるため、スムーズに事が進みます。もちろん、それに頼り切るわけにはいきませんから、あらゆる採用チャンネルを活用します。エージェントやスカウトなども活用しながら、適切な人材を見つけることに労を費やし、採用面接ではできるだけ都合を合わせ、全ての応募者と話すようにしています。

掲げる基本理念を設定する

優秀な人材を集め、共に進んでいくためには、相手の心を震わせるような基本理念を考えることが必要です。これはリーダーの仕事ですから、心して取り組んでください。以下に挙げるのは、世界的に有名な企業の基本理念です。多くの人を惹きつけるには、どのような基本理念が必要なのかを感じていただければと思います。

《基本理念の例》

「SONY株式会社（Sony Corporation）」

●技術を進歩させ、応用し、革新を起こして、国民の生活を活かすことに真の喜びを感じる

●日本の文化と地位を高める
●開拓者である。他に追随せず、人のやらない仕事に取り組む
●個人の能力と創造力を尊重し奨励する

「アメリカン・エキスプレス・カンパニー（American Express Company）」
●英雄的な顧客サービスを提供する
●信頼性の高いサービスを世界規模で提供する
●自主性の発揮を奨励する

「ボーイング・カンパニー（The Boeing Company）」
●航空技術の最先端に位置する。パイオニアになる
●大きな課題や冒険に挑む
●安全で質の高い製品を提供する
●誠実に倫理にかなった事業を行う
●航空学の世界に寝食を忘れて没頭する

各社の基本理念を読み、何を思いましたか？　おそらくですが、どの企業にも壮大な可能性や夢を感じたのではないでしょうか。

私の自社ブランド「Shikohin」も、次のような基本理念を作っています。

「Shikohin」

●人々の日々の生活をより豊かにすることに真の喜びを感じ、それに貢献する商材の開発、開拓に取り組む

●"Beauty is a state of mind"というスローガンに基づき、心身の調和を保ち、内面と外面の両方から育まれる美しさを促進することを目指す

まずは、しっかりとした基本理念を作ること。それが組織の軸になります。そして、それに共感、賛同し、きちんと共有できる人を雇うことができれば、具体的なゴールや目標を達成することができます。

スタートアップにおけるリーダーシップの心得

ここからは、リーダーシップの心得について説明します。新規事業立ち上げやスタートアップにおけるリーダーシップとは、他のメンバーに対し目的や目標を達成するために尽力するように影響を与えること。それは単に、メンバーを管理する、意のままに動かすということではありません。大きな成長を志す上で、リーダーが意識すべきことは何か、スタートアップにおけるリーダーシップの在り方とは何かについて、考えていきましょう。

企業文化やブランド価値はトップからしか生まれない

新規事業立ち上げやスタートアップでは、リーダーシップが鍵となります。小さな組織では、やはりトップ（リーダー）の考え方や姿勢、人間性がすべてです。事業を進めるプロセスでは、様々なことが発生します。もちろん、想定外のことも多々起こります。しかしトップは、最初に設定した大胆な志や基本理念からブレてはいけません。企業文化やブランド価値はすべて、トップから生まれるもの。だからこそ、事業や会社を立ち上げたら、創業に込めた思い、ストーリーをまとめておきましょう。

なぜ、この会社が大きな志を目指すに至ったのか。それを通じて、どのような価値を世の中に残したいのか。企業文化やブランド価値につながっていく創業者の想い。これらが詰まった創業者のストーリーをしっかりとまとめ、言語化しておくのです。

そうしてまとめたストーリーは、自社のホームページに掲載します。そのストーリーを通し、応募者が創業者の情熱や覚悟を知り、共感してくれるかもしれません。

とはいえ、採用チャンネルを通して採用活動をしたとしても、なかなか上手く人を集めるには至りません。そこで私が優先したのは、先ほども述べたように知人や友人に人を紹介してもらうことです。

しかし、事業を立ち上げた頃の私には知人や友人はおらず、強力なコネクションもありませんでしたが、人を採用しないことには事業を前進させることもできません。そこで考えついたのが、第1章でも紹介した「早朝のゴルフクラブ作戦」だったのです。ロサンゼルスにある最高級のパブリックゴルフ場に、毎週1人で出向いてゴルフをしたわけですが、この時の出会いは自社ブランドの紹介にも大きく活かされました。

ラウンド中、私は積極的に自分から話しかけ、相手が興味を持つような話題を提供し、ネットワーク作りに力を入れました。そして、私自身のことや事業のことをある程度知ってもらってから、「こういう人物を採用したいから、誰か知っている人がいたら紹介してほしい」とお願いするようにしたのです。当時、私はあちこちで頭を下げて紹介をお願いしました。そして、実際に採用に至ったことが幾度となくあります。

その時に役立つと感じたのが、基本理念や創業者ストーリーです。これらをきちんと説明することで、インテリゲンチャ（知識人）やエリートは私に興味を持ってくれました。説明すべき大切なことが明確かつ具体的であれば、おのずとしっかり説明することができます。

情熱で勝ち取ったネットワーク

もう1つ、ゴルフがきっかけで広がったネットワークがあります。私がゴルフクラブで奮闘していた当時、ゴルフ仲間から南ロサンゼルスにはしっかりとしたスタートアップエコシステムがないということを教えてもらいました。

スタートアップエコシステムとは、企業、投資家、弁護士、公的機関や研究機関などが集結して、お互いに連携できるネットワークを作ることにより、スタートアップを発展させていくシステムのこと。アメリカではシリコンバレー（カリフォルニア州）が発祥の地といわれています。

スタートアップエコシステムには投資家の存在が欠かせません。大きな成功を得て、多額の資金を獲得した起業家が投資家となり、それぞれの地域のスタートアップに投資をします。スタートアップエコシステムは、人材や機関、資金が集まり、それぞれが上手く連携してイノベーションが起きやすい環境を作ります。スタートアップにとっては、この上ない支援が受けられるシステムなのです。

スタートアップエコシステムに強い興味を持った私は、情報を集めるようになりました。いろいろな人に話を聞くうちに、ＵＣＬＡ（カリフォルニア大学ロサンゼルス校）の教授に出会うことができたのです。カリフォルニアには、多くの大学があります。当時の南カリフォルニアでは、産業界と大学が連携し、産業の活性化を図る「産学連携」の強化がされていると教授に教えてもらうことができました。その中心となり動いていたのが、ＵＣＬＡ、ＵＳＣ（南カリフォルニア大学）、ＣａｌＴｅｃｈ（カリフォルニア工科大学）の３校です。いずれも優秀な大学として知られる3校が協力し合い、様々なスタートアップ講座や大学発のスタートアップを生むプログラムを展開していました。そこには、いろんな投資家や企業、国の機関も関与し、「産官学連携」として、まさしく南カリフォルニアのスタートアップを盛り上げようとしていたのです。

運良く私はそこに入ることができ、さらにネットワークを広げることに成功しました。そして、ついにはアメリカの国家機関であるNSF（National Science Foundaticn：アメリカ国立科学財団）、NIH（National Institutes of Health：アメリカ国立衛生研究所）、DARPA（Defense Advanced Research Projects Agency：アメリカ国防高等研究計画局）の中心メンバーとの関係を作るに至りました。人に恵まれたことはいうまでもありませんが、私が勇気と行動力を持って動かなければ、この幸運とネットワークを手に入れるのは難しかったでしょう。勇気と行動力さえあれば、思いもかけない道が拓けるということです。

基本理念や創業ストーリーを話すことに抵抗がある人もいるかもしれません。しかし、本当に自分が納得し、思いを込めたストーリーは、面白いことに誰かに説明したくなるものです。だからこそ、基本理念や創業者ストーリーは、自分が腹落ちし、誇れるものになるまで練る必要があるのです。

ちなみに、私は今でもゴルフやパーティー、産官学連携の場などに顔を出し、ネットワークを広げています。本音をいうと、そのような集まりが得意ではありません。それは昔から変わらないところでです。

しかし事業を拡大したければ、チャンスは自らつかみに行くしかないと自分に言い聞かせて、参加するようにしています。ありがたいのは、アメリカに来た当初とは違い、向こうから私に会いに来てくれることが増えたこと。起業して3〜4年目あたりから、人を紹介してもらえるようになりました。

ゴルフクラブに通っていた頃は、「石の上にも3年」と自分に言い聞かせていました。アメリカという新天地で事業を起こし、生活の土台をゼロから作るのですから、ネットワークや環境が整うまで3年はかかるだろうと思っていたのです。その見込みは当たり、実際に土台ができるのに3年かかりました。決して簡単にできたわけではありませんが、苦手意識があってもやり続けなければならなかったですし、やり続けるだけの価値があったと今では思います。それを実感しているからこそ、今も私はネットワークを広げることに力を入れているのです。

覚悟を持って行動し、継続していれば、必ず誰かとつながることができます。ネットワークを作るには、新しい世界に踏み出すことをしなければなりません。特に高い専門性を持つ人と出会うには、それ相応の場に出向く必要があります。自分とは異質と感じる人や団体だからこそ、得られることがある。そう信じて、自分から飛び込んでみることです。

事業は組織力！
特定分野に強みを持つ人材を集める

カリフォルニア州のクパチーノに本社のあるApple Inc.の共同創業者である故・スティーブ・ジョブスは、生前こう話していました。「会社を運営するなら、本当にずば抜けた人材で周りを固めること」「給料を払うなら、自分よりも優れた人たちを雇って、自分が教わること」。

おそらくですが、これを簡単にできる経営者はそういないでしょう。しかし、これはできなければならないと私は考えます。そもそもリーダーになる人は、自分がナンバーワンになるべきだと思いがちです。特に若い頃からリーダーシップを発揮してきた人は、そう考えているでしょう。しかし、それは違うと私は断言します。むしろ、リーダーがナンバーワンになってしまうと、事業は行き詰まってしまうでしょう。

スポーツで考えるとわかりやすいかもしれません。例えば、サッカーやラグビーのようなチームプレーの場合、全てのポジションで自分がナンバーワンになることは不可能です。勝ちたいのであれば、自分よりも点を取ることに長けている人をフォワードに採用すればいいいし、自分よりも背が高くて守りも上手い人をディフェンダーに置けばいい。それは事業も同じです。事業は、組織力で勝負するもの。トップがどれだけ高い力や能力を持っていたとしても、組織力には及びません。だからこそ、トップは自分よりも優れた人材を集め、組織を作ることが大切で、それがトップの力の見せどころでもあるといえます。

新規事業は、ゼネラリスト（保有している知識や技術、スキルが広範囲にわたる人：総合職やプロデューサー）の集まりではなく、特定分野に強みを持つ人材を集めて組織を作ることが望ましいでしょう。

日本人にはゼネラリストが多いといわれます。満遍なくいろんな業務ができて優秀ですが、特定分野に大きな強みを持つ人は、それほど多くないかもしれません。それは、調和を重んじる国民性と教育、ゼネラリストを育てたい日本企業の意向が影響しているといえます。日本では、みんなが平均的に何でもできるようにと教育されるのです。

アメリカはどうでしょう。アメリカでは、幼い頃から長所を褒めてもらう教育を受けます。いわば、子供の頃から自分の強みを思う存分伸ばすことができる環境があるということ。日本は、テストの点数をもとにした学力により、学校での評価が決まることがほとんどですが、アメリカでは自主性や積極性、コミュニケーションスキル、自ら何かを発信する姿勢を評価します。大学進学の際も、スポーツ、芸術活動やボランティア活動など、課外活動などでしてきたことの評価が大きなウエイトを占めます。つまり、平均的に何でもできるようにと教育されるのではなく、明確な強みが持てるようにと教育されるのが、アメリカ教育の基本というわけです。

そのため、アメリカでは自分に足りない部分があれば、あっさりと他人に任せてしまいます。つまり、それが許される文化があり国民性だということ。他人に任せることに罪悪感を抱くアメリカ人はあまりいません。そういう意味では、アメリカ人は割り切るのが得意です。しかし、新規事業立ち上げにおいては、その割り切りができるかどうかはとても重要で、望まれる考え方であると私は考えます。

企業に就職し10年も勤めれば、ゼネラリスト的な力はそれなりに身につくでしょう。しかし、その力はすぐに育めるものではありません。だったら、様々なことを平均的にできるようになるよりは、自分が最大限貢献できることで能力を伸ばすことに注力できる環境であることが、新規事業やスタートアップにおいては大切です。例えば、プログラミングにエッジが利いている、数学が得意で新たなアルゴリズムを作れる、デザインセンスがあり絵が上手いので素晴らしいパッケージをデザインできる、知らない人でも積極的にアプローチして営業開拓ができるなどの力を持つ人を集結させるのです。そして、そのような人が即戦力として活躍できる場を用意することが、トップの役割です。

スタートアップが目指すのは、みんなが平均的に満遍なく仕事をできる組織ではありません。一人ひとりが個性と強みを活かし、活躍する場を持つこと。それが実現できれば、そのスタートアップは強い組織になるでしょう。そしてそれを束ねるのが、トップ（リーダー）の役割ということです。

ただし、新規事業立ち上げやスタートアップでは、人材に割く費用を潤沢に確保できることは少ないため、どうしても人を厳選しなければなりません。採用時に困ることがないよう、海図を作成する段階で、どれくらいの人を採用すればよいかを把握し、採用計画を練る必要があります。それをもとに、採用の当たりをつけながら、自分が持っていない才能を持つ人を見つけて採用し、周りをずば抜けた人材で固めましょう。

「大器晩成」リーダーはメンバーの器を知れ

これまで私が紹介した採用やリーダーシップの考え方の根底には、ある一冊の書籍が関係しています。

その書籍は、慶應義塾大学のある恩師に教わった『論語徴《ちょう》』です。『論語徴』（平凡社）の著者、荻生徂徠《おぎゅうそらい》は、著書の中で「〝大器晩成〟という言葉には、人は人生においての様々な経験で晩年に大きな器に実るという考えもあるが、そもそも人には各々の器の大きさが与えられているという意味がある」と述べています。つまり人材育成において、もともと備わっている個人の器に注目すべきということです。

リーダーは、まずメンバー各々の器の大きさを把握し、その人が賄いきれるタスクや役割を与えることが必要です。

当然ながら、器の大きさは様々ですから、みんながみんな同じようにはいきません。Aさんがスムーズにこなす仕事を、Bさんもスムーズにできるとは限らないということです。

「この人は、今はできなくても、鍛えることで将来それなりのものになるだろう」という考え方は立派です。人はどのような可能性を秘めているかわかりませんから、その人の未来に投資するのもいいでしょう。

しかし、それは新規事業立ち上げやスタートアップには適しません。なぜなら、スタートアップに必要なのは即戦力。人材を教育する余裕はないからです。

だからこそ、リーダーは、一人ひとりの器の大きさを見極めなければなりません。メンバー個人の、それぞれの器に適した範囲と、少し背伸びした業務を与え、その人が可能な限り結果を出す仕事の振り方をすること。それがスタートアップに必要な〝大器晩成〟であり、1つのリーダーシップの考え方ということです。

「和而不同」リーダーは異質なものになれ

荻生徂徠が提唱したもう1つの考え方に「和而不同《わじふどう》」があります。この論語の漢字を普通に読むと、「和して同ぜず」。つまり人と協力することはあっても、人の意見や態度にむやみやたらに同調する必要はないという意味になります。

リーダーがこの考えを取り入れるにあたっては、人を動かす上で協調性を持ちつつ、付和雷同（自分にしっかりした考えがなく、他人の意見にすぐ同調すること）はしないということになるでしょうか。イメージしにくいかもしれませんが、荻生徂徠は『論語徴』の中で、協調性を持ちながら人をまとめ上げるイメージを色に例えて説明しています。

それによると、リーダーの色は「透明の水」。リーダーがすべきことは、組織のメンバーが持つ様々な色を溶かして融合させること。つまりリーダーに色は必要なく、メンバーとは異なるレベルの〝異質なもの〟になる必要があるということです。

この考えを元にすれば、先述したスティーブ・ジョブズの言葉もすんなりと認めることができるのではないでしょうか。つまり、トップは異質です。組織のメンバーとはまったく異なる存在だからこそ、自分よりも優れた人を雇い、自分が彼らに教わることができるのです。

紹介した2つの考えは、新規事業立ち上げやスタートアップにおいて非常に役立つと私は考えています。私自身が腑に落ちたからこそ、自社の採用や私自身のリーダーシップの在り方に大きな影響を与え、根底となっています。事業をする上で根底となる考え方を持つことは、リーダーにとって必要不可欠です。ブレないようにするためにも、軸となる考え方にぜひ出合ってください。

リーダーの仕事は日々、会社を一歩でも前進させること

リーダーの仕事とは何か。それは、日々、会社を一歩でもいいから前進させることです。会社は止まってはいけないし、リーダーは率先して会社を前進させていかなければなりません。何を前進させればいいのか、それはウェブサイトの開発でもいいですし、営業の新規開拓でもいいでしょう。組織としての方向性を洗練させて見直すことでもいいし、採用において候補者を増やすことでもかまいません。とにかく、リーダーとなる人は、休まず進み続けなければならないのです。

新規事業の立ち上げは、日々の前進と人材育成が重要です。むしろ、それしかないといってもいいでしょう。そのすべては、リーダーシップにかかっています。メンバーに行動してもらうためには、まずリーダーがそのように動かねばなりません。現場を知り、現場の状況を誰よりも把握し、メンバーと対等に話ができるようにする。この能力は、もっともリーダーに必要といえるでしょう。

一方で、事業を拡大させるためには、いつまでも同じことをしているわけにはいきません。創業から成長のステージに入ったら、リーダーは先を見る目線を持ち、本来トップが

すべき仕事に時間を使うことが必要です。

会社には、ステージがあります。各業務において基本的なサイクルができ、それが整えばリーダーはそれをメンバーに委ね、手放さなければなりません。それにより、リーダーは自由時間を得て、次のステップに飛躍するために違うことに取り組むわけですが、そのこと自体が新規事業やスタートアップの成長につながるのです。

創業当時は、メンバーの信頼を得るためにも、リーダー自ら現場を牽引し、何かしらで会社を前進させていくことがリーダーの仕事です。そしてステージが変わったら、人材を活かし、仕事を任せることで成果につなげることができる仕組みを作ることに転換しなければなりません。これこそが、新規事業やスタートアップが成長できるかどうかの最初の分岐点になるのです。

採用と組織作り
――人材採用と委託する業務の基準と見極め

ここでは、採用活動のポイントをお伝えします。基本理念を定め、リーダーとして、どのような形で組織を引っ張っていくかという心得を持った上で、採用活動を行うことが大切です。スタートアップは、人材確保や育成に割くお金が限られていますし、方向転換が頻繁に生じます。

英語では「Pivot（ピボット）」と表現しますが、上手くいかない計画があれば、すぐに辞めて他のことに切り替えていく柔軟性が必要で、朝令暮改は当たり前。むしろ、その柔軟性がある組織だけが、事業を継続することができます。

だからこそ、本当に「この人だ」と思う人以外は採用しないこと。それが望ましいと私は考えます。当たり前のことですが、一度人を採用すると簡単に解雇することができません。重要なのは、採用する業務の基準と、委託する業務の基準を見極めること。その基準は、最初に決めておくのが望ましいでしょう。

採用における企業の価値基準と職務記述書の大切さ

私が経営するウェルネスブランド「Shikohin」は、創業当初、商品開発に関わる責任者、デザイナー、店舗開拓をする営業責任者、さらに私の右腕となって社内の全オペレーションを見てくれるオペレーション担当者の4名を社員として採用しました。ブランドや事業の大きな方向性や戦略については、私が考えてメンバーに示します。

それ以外の業務については、財務分析や会計業務、法務や人事業務なども含め、すべてアウトソーシングしました。採用において最初に取り組むべきは、どの分野で社員を採用し、どの分野を業務委託するのかを決めることです。

設立当初の「Shikohin」では、次の4つの業務について重点的に強化することにしました。

①差別化のある商品を開発
②ブランドとして訴求したい世界観をデザイン
③適切なチャネルで販売
④最適なコストでのオペレーションを運営

トップができることは限られる、これに例外はないと私は考えます。私でいえば、商品開発やデザインはできません。また、店舗開拓やデジタルマーケティングに集中する時間もありませんでした。そのため、その部分を「自分ごと」として捉え、情熱を持って仕事に取り組むことができ、なおかつ社運を懸けた大胆な目標を理解して情熱を注いでくれる人を探し、採用する必要がありました。

一方で、商品開発や販売、デザインにおいては、責任者以外の社員は必要ありません。なぜなら、それらも全部アウトソーシングすればいいからです。それぞれの部門責任者については、社員として社内に置き、あとは業務委託する。創業当初は、この形態が有効でした。

最終的には、会社の基本理念とコア・バリューは社長である私が作り上げ、仕事の達成目標と成果指標は、各業務担当の責任者と一緒に作り上げることにしました。そうすることで、社員自身に自分は何をすれば給料をもらえるのか、何を達成すればボーナスやインセンティブがもらえるのかを理解するからです。

もし社員自身がこれを把握していないと、社員はフルに稼働しないでしょう。大手企業ではなく、スタートアップで働く社員は、様々なリスクを背負っています。

特に、安定した収入を得られるかどうかについては、少なからず不安を抱いているはずです。それなのに、トップが収入についての情報を開示しなければ、社員は副業や転職など余計なことに意識を向けるかもしれません。

だからこそ、採用時には企業理念と「Company Core Values（企業の価値基準）」をしっかりと説明し、業務内容を記した「Job Description（職務記述書）」を書面化し、採用する人にも共有する必要があります。「Job Description」については、定期的に見直しをかけアップデートする必要があります。

ここで「Shikohin」のコア・バリューをご紹介します。コア・バリューは3～7つあるのが望ましいでしょう。

①Trust and respect（信頼と敬意）
②Think big, be bold（大きく考え、大胆に）
③Execution and accountability（実行責任と説明責任）
④Logical and empathetic（ロジックと共感力を併せ持つ）
⑤Global-minded（グローバル思考）

⑥Thirst for learning（学びへの渇望）
⑦Positive and cheerful（ポジティブで快活に）

「当たり前」と言われそうな項目もありますが、これを可視化して掲げるだけで、様々なことが大きく変わります。採用においても、コア・バリューはチェックされることが多いので、必ず明文化しておきましょう。

人材発掘は継続的に取り組み、採用候補リストを常に維持する

ある時点で人材確保が上手くいき、人が足りていたとしても、人材発掘や採用活動は継続する必要があります。なぜなら、社員はある日突然「退職願い」を提出するものだからです。私も実際に経験していますが、「この人はずっとうちで働いてくれるだろう」と思う人でも、簡単に会社を辞めてしまいます。

しかし、これは仕方がないことでもあります。社員にも人生があり、職業の選択権があります。

例えば、年収８００万円を払っていた社員の元に、別の大手企業から年収１２００万円

でヘッドハンティングの話があったとしましょう。条件の良さに惹かれ、社員が転職を選んだのであれば、それを引き留めることはできません。その社員の人生を束縛したり、コントロールしたりすることはできないのです。もちろん、なんとか自社に留まってもらえるよう働きかけることもあります。しかし、新規事業やスタートアップで、資金に余裕があるところはほとんどないですし、どこもギリギリで踏ん張っています。その状態でどれだけ説得しても、ダメな時はダメでしょう。そうなると、割り切るしかありません。これは私の経験から思うことですが、新規事業やスタートアップは、人材におけるヘッドハンティングの草刈場です。いつ大手企業に社員を引き抜かれるかわかりません。その現実を踏まえた上で、採用計画を練るようにしてください。

採用活動は最大のマーケティング施策

採用活動において、もう1つの視点をお伝えしましょう。採用活動は、最大のマーケティング策だと考えるのです。常に求人情報を出し続けることで、「この会社は人を探しているな、常に採用しているな」と思ってもらえたら、成長企業だと認識されます。

成長企業で働きたいという人は一定数いますから、求める人物が応募してくれるかもしれません。採用継続中であることをホームページに載せ、LinkedIn などのソーシャルメディアでも掲載しておきましょう。仮に採用していない時期があったとしても、採用していると思われることが大事です。そうすることで、おのずと認知度が上がり、人が集まりやすくなるからです。

コーチングを通じた、自律した組織作り

リーダーは社員やメンバーに対し、何をどこまで任せるか、責任を持たせるのかを考える必要があります。「ここまではあなたの判断で意思決定してOK」と明確に示し、権限委譲をするのです。人は権限委譲されると、任されたことに対して責任感を持つようになります。権限委譲したからには責任者や担当者に実行責任を持たせ、説明責任（アカウンタビリティ）を明確にします。その際、何を報連相（報告・連絡・相談）すれば良いのかも明確にわかるように、基準を共有しておくようにします。

ここで注意してほしいのが、権限委譲する責任者には、タスクではなく責任を持たせること。そうすることで人は成長し、おのずと企業も拡大します。スタートアップに限らず、企業や集団は、トップがすべてを掌握してしまうと、それ以上伸びることはできません。必要以上に制限がある環境下で、自由に個性や強みを発揮できる人はおそらくいないでしょう。だからこそ、トップが社員やメンバーを信頼し、ある程度の権限委譲をする。そうすることで、彼らは自由に強みや才能を発揮することができ、企業も活性化が進むのです。

また、権限移譲ができ、自分がいなくても事業が自律的に廻る「仕組み」が整備されたとき、新規事業の担当者としては、この上ない充実感と幸福感を味わうことができます。それは、事業戦略の見直しや新たな付加価値の創出に全神経を集中する時間を得ることができるからです。

コーチングを通じて人材を育成する

人材育成に長けたリーダーは、マネージャーよりもコーチとしての役割を意識して、チームメンバーに接します。その際に、リーダーはメンバーの経験や自信、器の大きさを計り、適切な経験や事例を交えてアドバイスをします。人によっては、励ますことで自信を持たせたり、やる気を掻き立てたりといったことが必要な時もあるでしょう。日本の人材育成を経験している人はイメージと少し違うと感じるかもしれませんが、この育成方法のベースは「コーチング」です。

コーチングは、1990年代にアメリカで広まった社員育成技法で、自分で考えて行動する能力を身につけるために、コーチと呼ばれる相談役と対話を重ね、自己改善を引き出すことができる技術として知られています。日本でも、従来の指示型マネジメントに限界を感じ、人材育成にコーチングを導入する企業が増え始めています。

従来の指示型マネジメントは、もちろんメリットもありますが、デメリットとなる部分が多かったのも事実です。例えば、もし計画通りに業務が進んでいなければ、まず上司が部下に対して行うのは、進捗が遅れる理由を問い詰めることでしょう。そして上司は指示を出し、部下は指示通りに業務に取り組むことになります。そうすると、部下は「上司を満足させるために」仕事に取り組むことになり、上司は部下を育てるのではなく、「部下を管理すること」が仕事になってしまいます。

このやり方だと、部下は仕事をできるようにはなりますが、部下の強みを引き出すことや、柔軟に問題に対応したりする力は身につきません。

企業で行われるコーチングは、相手の話に耳を傾け、時に効果的な質問を投げかけることで相手に気づきを与え、主体的に行動することを促します。

コーチとなる人は、〝自分が社員を管理し、答えを与えて目標達成をさせる〟ことはしません。社員が主体的に目標達成に取り組むよう、対話を通して、その時々に必要な思考と行動を促します。

コーチングは、社員やメンバー自身の問題解決能力を引き出し、パフォーマンスを高める効果があります。仕事をする上で、定型的な知識を身につけることは大切ですが、仕事で重要なのは正しい対処ではなく、場に応じた適切な対処をできるかどうか。それができるようになるには、課題をどのように解決するのか、その思考プロセスを身につけ、日々の業務で鍛えておかねばなりません。

それを育むのに適しているのが、コーチング。社員やスタッフの一人ひとりに複雑な問題を解決できる能力が身につけば、より多くの人に責任ある仕事を任せることができるようになり、それが企業を支える力へと変わります。

コーチングのプロセスには様々なものがありますが、多いのは次のような形式でしょう。

①リーダー（スタートアップの場合はトップ）とともに目標設定とその明確化を行う

②リーダーは、メンバーとのコミュニケーションを重視し、定期的に質問と対話を行う機会を作る。その際、必要以上にアドバイスをしたり、即時に答えを与えたりするようなことはしない。また、リーダーは、メンバーの話や意見を傾聴し、その内容に共感する

③リーダーとメンバーは、定期的に対話と振り返り、フィードバックを行う機会を設ける。その際、メンバー自身が自らの課題に気づき、主体的に改善に取り組むことで成長できるようにサポートする

④リーダーは、メンバーに対して適度な挑戦の機会を与えながら、継続して必要なサポートを提供する

社内で行うコーチングは、その社員のレベルにもよりますが、1対1で週に一度、30分程度で実施するのが適切だと私は考えています。各メンバーが担当する達成目標と成果指標を達成する上で感じている課題、社内や社外で経験している問題、仕事をする上での個人的な悩みなど、トピックは何でも構いません。

私はコーチングセッションを実施する際に、各メンバーが担当する仕事がなぜ大切なのか、その仕事が自分のキャリアにどのようにプラスに働くかについて、定期的に確認する

ことにしています。組織として掲げる「志が高く可能な限り大胆な目標」も大切ですが、人生の貴重な時間を自社の業務に費やすメンバーが、その中で何を得られるのかを理解し、それをお互いに把握することも、仲間としての信頼関係を作る上で大切であると考えています。

北米で成功しているリーダーの多くは、2種類のコーチをつける

北米で成功しているリーダーの多くは、2種類のコーチ（ビジネスコーチと人生コーチ）をつけているといわれます。ビジネスコーチはその名の通り仕事に関するコーチングですが、人生コーチは多岐にわたります。アメリカでは、マリッジ・カウンセリングを受ける家庭が多いといわれますが、それと同様に個人でもコーチを雇い、些細なことから大きな問題まで、コーチに相談しながら乗り越えていくのです。

新規事業立ち上げやスタートアップのトップは、創業後しばらく仕事とプライベートの境目がありません。私もそうですが、365日24時間ノンストップで事業について考え、行動し続けなければなりません。

しかし事業ばかりに集中してしまうと、家庭や人生自体をダメにしてしまう可能性があ

ります。特にアメリカは、家族で過ごす時間を重要視する傾向にあり、パートナーに家庭や子供のことを任せっぱなしにすることはあり得ないわけです。ですが、仕事とプライベートのバランスをとるのは容易ではありません。それにトップは重責を背負います。自分の事業が破綻すれば、社員やメンバーの生活をも破綻させることになるからです。その重責と戦いながら、プライベートを大切にするために、人生コーチを雇うのです。

コーチングの神髄を理解するのに有効な本を紹介しておきましょう。

エリック・シュミット、ジョナサン・ローゼンバーグ、アラン・イーグル著の『1兆ドルコーチ　シリコンバレーのレジェンド　ビル・キャンベルの成功の教え』(ダイヤモンド社)です。

Apple共同創業者のスティーブ・ジョブズ、Google元会長兼CEOのエリック・シュミット、Google共同創業者のラリー・ページとセルゲイ・ブリンなど、多くのシリコンバレー経営者がコーチとして師事していたのが、ビル・キャンベルです。この本が出版された当時は、Google社とApple社の時価総額は合わせて1兆ドルでした。ビル・キャンベルがいなければ、今のGoogleやAppleはなかったといっても過言ではありません。

日本人も、アメリカのようにコーチをつけることを意識するべきだと私は考えます。日本企業では、新卒の会社を退職し転職をすると、もう誰も育ててはくれません。新規事業を立ち上げることやスタートアップに取り組むことは、転職するようなもの。だからこそ、外部のコーチをつける必要があるのです。

人事評価と解雇

無事に採用が進み、社員やメンバーが定着するようになれば、次に考えなければならないのが、人事評価です。

まず、人事評価は年に1回は必ずするものだと心得ておきましょう。評価の基準をしっかりと定め、人事評価のワークシートに評価を入力してください。人事評価の導入は、会社だけでなく社員にもメリットがあります。人事評価をされることで、社員やメンバーの労働意欲が向上することは珍しくありません。

また、評価の基準を定めて示すことは、企業理念やビジョン、目標への理解を促すことにもつながります。会社がどのような人物を求め、個人に何を期待しているか、自分がどの段階にいるのかも、人事評価を通して明確になるでしょう。

解雇は思いやりの行為

人事評価の導入を進める一方で、解雇についても目安を定めるようにしてください。採用時に試用期間を定め、自社になじむ人材かどうかを見極めるシステムを作っておくのも一つです。また不当解雇に該当しないよう、解雇の条件についても明文化し、メンバーがいつでも確認できるようにしておきましょう。

新規事業立ち上げで新しい組織を構築する際に、チームの一員として適さないメンバーが出ることは少なくありません。それに気づいたリーダーは悩み、心を痛めることになりますが、解雇は思いやりの行為であることを認識しましょう。

組織にそぐわない人物を速やかに解雇しないことで、生じるデメリットは多数あります。組織の風土、周囲のモチベーションやパフォーマンスにマイナスの影響を確実に及ぼします。リーダーが解雇を先延ばしすることで起きるのは、悪いことのみ。それは、解雇対象となる人の時間をむやみに引き延ばすことにもなり、他の組織で活躍できるチャンスを逸することにもつながります。

そんな事態に備えるためにも、企業のコア・バリューに、企業にとっての必要な人材の基準を明確に示しておくことが重要です。基準があることで、人事評価および、どんな人材を採用したいかを迷わなくて済み、その評価に合わない人は解雇対象にすることができるからです。

人事評価と解雇について明確な基準を定め、建設的に評価し、冷静に判断した上で決定していくことは、組織を進化させることにつながります。何より、企業にとって良い人材が育っていくことにもなるのです。

そのためにも、最初に基本理念やコア・バリューを作っておきましょう。最初に組織の軸を作った上で、自分よりも才能を持つ人材を採用して、組織を育てていくことがリーダーの大きな役割です。

次章で紹介するテーマは、「金脈の確保」です。企業にとってのキャッシュ経営がどれくらい大切かを伝えた上で、キャッシュ経営の運営ポイントと、自社に合った経営の勝ちパターンの見つけ方を紹介していきます。

FOUNDER
MINDSET

第6章

金脈の確保

キャッシュを生み出す経営施策と
勝ちパターンの発見と再現

キャッシュを生み出す7つの変数

次に取り掛かるのは「金脈の確保」です。これは実感されている方もいるかもしれませんが、世界情勢や景気の影響により、需給バランスは簡単に崩れてしまいます。そうなると、自社を取り巻く環境や状況も一変するわけですが、ここ数年は1つのウイルスの出現によって多くの企業が翻弄されたことが記憶に新しいでしょう。

しかし、どのようなことが生じたとしても、企業は事業を継続させるために、必要な資金の確保に注力しなければなりません。これからの企業経営に求められるのは、予測できない景気の変動が起きた時に、柔軟に対応できるかどうかです。そのためには、戦略的なキャッシュ重視の経営を実現させなければなりません。

この章で紹介するストーリーは、キャッシュ重視経営と勝ちパターンについての発見と再現です。それをできるようにするには、まずキャッシュを生み出す「7つの変数」と、価格設定についての戦略オプションを理解する必要があります。その上で、1％の改善がもたらす経営インパクトを理解し、収益分析を定期的に実施することで儲け組を増大させ、損失組を減少させる施策とマインドセットを身につけることが求められます。
まずは、キャッシュを生み出す「7つの変数」から見ていきましょう。

"Revenue is vanity, Profit is sanity, Cash is king"

これはアメリカでよく知られている格言です。日本語に訳すと、「売上は虚栄心、利益は健全性、現金は現実」という意味になりますが、これはビジネスだけでなく、投資の世界でも重要とされています。投資の神様ともいわれるウォーレン・バフェットなどの投資家たちも、この格言と同じことを言っていますから、どれほどビジネスや投資の本質を的確に表しているかがわかるでしょう。売上があることはとても大切で良いことですが、その数字だけで「どれだけ儲けたのか」を判断することはできません。

なぜなら、売上を増やすために赤字覚悟で受注を取ることもできるからです。企業は利益を出さないと存続できませんが、その売上の大半が赤字なら、経営状態は健全とはいえないでしょう。日本においても「キャッシュは会社の血液」といわれており、血液が不足し体に回らなくなると人は生きていけなくなるように、キャッシュが無くなれば会社や法人は倒産してしまいます。

売上が少ないとしても、利益率が高いなら経営状態は健全と判断できます。月々の利益の積み重ねは、現金という現実になり、つまり、それだけ自由に動かせるキャッシュが増えるということ。

そこで、企業が生み出すキャッシュフローにフォーカスし、客観的に企業価値を測ることが必要になります。企業の価値を算定する方法はいくつかありますが、現状は資産が少なかったとしても、将来性が期待できる新規事業には、DCF（ディスカウントキャッシュフロー）分析を用いるのが適しているでしょう。DCF法は、企業価値判断だけでなく事業投資の判断や将来のキャッシュフロー見積もり、成長戦略の策定にも役立ちます。

自社が利益をどのくらい生み出しているのかについては、会社のブックバリュー（簿価：資産または負債について適正な会計処理の結果として帳簿に記入されている数値の純額）を見る時に、やはり売上よりも利益や現金が重視されるわけです。

スタートアップの新規事業を、与えられた予算の中でしっかりと成長させていくためには、資金調達をして伸ばしていかなければなりません。社内のイントレプレナー（社内起業家）が新規事業を立ち上げるにあたっても、資金調達で与えられた予算の中でしっかりとお金を使って伸ばしていくためにも、やはりキャッシュは王様なのです。キャッシュがないと経費の支払いはできませんし、小さい会社やスタートアップほど、やはりキャッシュを持っていないと先はありません。したがって、金脈を確保するには、まずキャッシュを生み出すものは何なのかを理解していただきたいと思います。それが、今から紹介する「7つの変数」です。

①販売価格――自社の商品やサービスを、いくらで売るのか

②量、期間――商品の量やボリューム。決めた期間に、どれくらい売るのか

③直接経費――モノを作る場合は、材料費や商品原価。モノを作る人の労務費。社内の業務や社外に発注する外注加工費。サービス業であれば人件費、または外部委託費など、サービスを提供するにあたってかかってくるコスト

④間接経費――オフィス、工場などの賃貸料、電気代、ガス代、マーケティング費、保険料、旅費交通費などのコスト

⑤売掛金――商品の販売やサービスの提供などを売り上げて、まだ入金されていないもの。これを、どれくらい早く入金できるか

⑥買掛金――商品の購入やサービスの提供を受けたが、まだ支払っていないもの。これをどれくらい遅く払うことができるか

⑦運転資金――物販なら在庫、サービス業では仕掛品。サービス業の仕掛品は、例えばその企業がセミナーを実施している場合、セミナーを開催するには会場費や通信費用を支払うことになるが、セミナーの実施や参加費の徴収は先の日程になる場合、この会場費や通信費用を「仕掛品」として資産計上することになる

この「キャッシュを生み出す7つの変数」を理解することで、損益計算書や貸借対照表における勘定科目の中で、どこを見るのが大切なのかが分かるようになります。ここが理解できれば、新規事業を立ち上げる上で、キャッシュ重視の経営が可能になるというわけです。

1%の改善がもたらす利益を理解して、施策を講じる

キャッシュを生み出す7つの変数のうち、自社で直接管理できるもの、直接影響を及ぼせる変数を、まずは特定させます。その特定した変数によって、そこから1%の改善をもたらすことができれば、どのようなキャッシュフロー改善が得られるかをシミュレーションし、理解しましょう。

シミュレーションの簡単な例を出します。売上が10億円だと仮定します。コストについては、直接経費が6億円、間接経費が3億円かかったとすると、利益は1億円になります。前述した「7つの変数」から、自社のキャッシュフローに最も影響を与える変数を選択し、それぞれ1%ずつ改善ができたと考え、シミュレーションを行います。

売上10億円の1%は、1000万円です。

直接経費を1%減らすことができれば、600万円のコストカットが実現します。間接経費を1%減らせれば、コストカットできるのは、300万円。これを計算すれば、単純

シミュレーションの例

売上（売価×量）	10億円 × 1%	= 1000万円
直接経費	6億円 × 1%	= 600万円
間接経費	3億円 × 1%	= 300万円
利益	1億円	+ 1900万円（19%の改善）

に利益が1900万円増え、19％の改善が実現することになります。

もちろん、実際は数字の通りにいかないかもしれません。しかし、少し考えてみてください。例えば、製造会社の営業マンが自分の売上の1％を伸ばし、経費も1％を減らせたとします。営業マンだけでなく、会社の全社員がみんな1％だけ頑張ればどうでしょう？社員一人ひとりの負担が少なくなり、成果も大きく反映されると思いませんか？

「全員で売上を100億円上げるのだ！」「売上を10％上げよう！」というような目標を設けたとしても、社員は「それは無理だろう」「その目標は難しい」と感じるかもしれません。

しかし具体的な1％の改善例を示し、もたらす利益についても数字で具体的に伝え、どのようなキャッシュの改善があるかをシミュレーションすると、「できないことはない」ことが明確に伝わるはずです。

　そうすることで、社員のモチベーションが上がり、みんなで一つの目標を達成することに盛り上がることができるのではないでしょうか。

　自社のキャッシュフローに最も影響を与える変数をトップが理解することで、常に改善の機会を生み出すことを習慣化しましょう。逆をいえば、変数を理解さえすれば、習慣化が可能になるということ。社員のモチベーションを上げるためにも、ぜひ有効活用してください。

ワークショップ

自社が直接影響を及ぼす変数を特定し、1%の改善ポイントを見つけよう

「キャッシュを生み出す7つの変数」から、自社が直接影響を及ぼす変数を特定し、どの部分を1%改善すればいいかがわかるワークシートを作ります。その上で、自社のキャッシュフローに最も影響を与える変数を選択、理解して、常に改善機会を見出すことを習慣化してください。

価格戦略との向き合い方と考え方

価格戦略とは、販売価格を考えることから始まります。販売価格とは、一般的に商品やサービスの価値を表わすもので、顧客にとっては商品の価値や品質を判断するモノサシとなり、購入する際の意思決定の決め手となるものです。

顧客は価格が妥当かどうかを、商品の必要度や値頃感（売買に対して抵抗を感じない価格）によって、その都度決めています。顧客がその商品に感じる価値が価格より低い場合、商品は売れません。逆に価値が価格より高いと感じれば、その商品はヒットするということです。

価格設定に関する考え方

価格設定に関する考え方としては、価格は経済全般の景気に伴う需給動向、競合状況など様々な要素が検討されて決定されるため、絶対的な設定方法はありません。

しかし、通常は原価、需要、競合、その状況の3つの要素を踏まえた上で価格が決められます。まず、以下の3つを知ってください。

①コストプラス価格設定

重要な原価である製造原価（または仕入原価）に利益を加えて、価格を決定する方法です。需要に対して、供給が不足する「売り手市場」の場合か、市場における競争が激しくない場合に有効な方法であるとされています。

②需要価格設定

消費者サイドに立った考え方で、「いくらなら商品を購入してもらえるか」ということを考慮して価格を決める方法。つまり、最初に「売れる価格」を認識し、それに原価を合わせていきます。購入の時間帯（早朝・深夜など）や期間（セール時期や、クリスマスなどの繁忙期）ごとに価格を変更して設定する場合もあります。

③競合価格設定

競合商品の市場価格をベンチマークして、価格を決定する方法。決定した価格に適合するように、原価を調整する必要があります。商品がそこまで差別化されておらず、市場内にある程度の競争相手が存在する場合、この方法がよく用いられます。

私が経営するウェルネスブランド「Shikohin」では、上記3つの要素を全て考慮し、価格を設定しています。まずはデスクリサーチ（インターネット上でデータを収集、分析するリサーチ方法）やフィールドワーク（小売店頭などの、消費者と商品が直接接触する場に行きリサーチする方法）により、競合他社の設定価格を調べて、同時にターゲットユーザーへの個別インタビューを実施し、適正な価格帯を確認します。

その上で、粗利をいくらで設定できるかについて、研究開発や製造委託を担当するパートナー企業と協議します。化粧品の世界での、理想となる粗利は9割。高いと思うかもしれませんが、マーケティング費や諸経費がかかるため、営業利益は7割程度になるよう見込んでいます。店頭販売であれば、仕切り価格（相手方に卸す金額）次第でさらに利益は少なくなるでしょう。その点を鑑みると、粗利は9割というのが妥当です。粗利は、ベンチマークや価格調査からの価格戦略と、かかる全てのコストを把握して計算した積み上げ型の価格戦略、両方の側面から考える必要があるということです。

なお、商品には一般的に「導入期」「成長期」「成熟期」「衰退期」という4つのライフサイクルがあります。段階ごとに企業がやるべき内容が変わりますので、頭に入れておいてください。

「導入期」——製品を市場に投入する段階で、需要も売上も小さい。製品にするまでの開発費がかかり、それだけでなく、市場での認知を高め、拡大させることが最優先課題なので、広告宣伝費もかさむ

「成長期」——売上と利益が急拡大する段階だが、競合他社が増えることも意識しないといけない時期。消費者のニーズも様々なので、製品の改良が必要になることもある。自社のブランド力を高めて、市場に浸透させることが重要

「成熟期」——市場での成長が、売上、利益ともに頭打ちになる段階。コストを見直したり、SN

Sマーケティングに力を入れたり、企業にとっては生き残りをかけた戦略が必要になる

「衰退期」――値引き競争を頻繁に行わなければならない状態になり、売上も利益も減少する時期。投資を抑えつつ、リピーターとなる顧客を維持することが重要な課題になる。また、ブランドの残存価値を見直し、新たな製品の開発に踏み切ったり、現状の製品の撤退時期を判断したりすることも重要

4つのライフサイクルの各段階によって競争形態が異なり、また消費者の購入態度も変化していくと考えてください。

そのため価格政策は、この各段階の特徴に応じた適切な戦略をとる必要があることを知っておきましょう。

商品を売り始めて、ある程度の期間が経つと、お客様が見慣れてしまい、価格競争に入っていくことになります。そのため、流行や時代背景などを定期的に見直す必要があることも意識する必要があります。

プライシング戦略とは

プライシング戦略とは、設定する価格モデルにより、顧客心理とマーケティング効果に影響を与え、売上に違いを生み出す戦略オプションのことです。ここでも、基本となる3つの価格設定モデルを紹介しましょう。

価格設定モデル「ポジショニング」

競合他社に対して、設定価格で自社の商品やサービスを差別化するのに役立つプライシング戦略です。例えばコーヒー産業だと、炒られていないコーヒー豆をそのまま売るのと、グライディング（焙煎したコーヒー豆をミルで粉砕すること）されたコーヒーパックを売るのとでは、価格が異なります。

また、安価が売りのコーヒーショップやマクドナルドなどでコーヒーを売るのと、スターバックスなどのブランド化しているショップで売るのとでは、価格帯も全く異なります。

つまり、どのような商材をどのチャネルで売るのか、その影響については、以下に示す3つの考え方があります。

考え方①「低コストで、価格に敏感な消費者を引き付ける」

安くてもそれなりのクオリティがないと、消費者は買わなくなっています。しかし、やはり安さを売りにすることも一つの戦略といえるでしょう。低価格で民間の消費欲を引き付けます。具体例はサイゼリアやマクドナルドなどがあります。

考え方②「絶妙な価格を設定して、機能的価値をアピール」

消費者に提供する機能に適合した、絶妙な価格を設定し、機能的価値をアピールして消費者の満足感を上げる方法です。具体例は日本車やシティホテルなどがあります。

考え方③「プレミアム価格で、コストをかけてハイエンドの顧客にアピール」

簡単には手が出ないプレミアム価格ですが、一定数の消費者には受け入れられるハイブランド戦略のこと。歴史のある老舗ブランドなどがこれに当たります。具体的にはエルメスやフェラーリなどがあります。

価格設定モデル「複数パッケージ価格」

提供するサービス内容の違いにより、2つ以上の価格帯を提供することで、幅広い顧客ニーズに対応することを可能とするモデルです。個人向けのサービスであれば、ユーザーの利用頻度や利用量、法人向けのサービスであれば、大企業か中小企業かで、セグメントごとに価値と合う価格で提供することができます。

複数パッケージ価格モデルのメリットとしては、幅広い顧客ニーズに対応できることと、利益増につながることがあげられます。

複数パッケージ価格モデルの例

	ベーシック 月額980円	ビジネス 月額2,980円	エンタープライズ 月額9,980円
利用できるユーザー数	最大５ユーザー	最大15ユーザー	最大50ユーザー
サービス品質保証（SLA）	なし	90％	99.999％
カスタマーサポート	３営業日以内に返信メールのみ	１営業日以内に返信メールのみ	３時間以内に返信メール及び電話
機能Ａ	○	○	○
機能Ｂ	—	○	○
機能Ｃ	—	—	○

メリット①幅広い顧客ニーズに対応できる

「利用はしたいが、機能はそれほど必要ない」という場合には、ベーシックプランを提案し、「ある程度の機能はほしいが、できるだけ安価に利用したい」という場合には、ビジネスプランを提案するといった具合です。

幅広い顧客セグメントが存在する場合、プロダクトの全ての機能を必要としない顧客セグメントは多数存在します。そういったセグメントの顧客は、全ての機能は必要ないからもっと安くしてほしいと考えるでしょう。それが原因で、検討サービスから外れることも多々あります。複数パッケージ価格モデルは、顧客が必要としている機能のみを提供し、それに見合った価格プランを用意することが可能なため、幅広い顧客ニーズに対応することができます。

メリット②利益増につながる

他よりも質の高いサービスや多くの機能を提供する必要がある顧客に対して、単一価格しか存在しない場合、利益を出すことができない可能性があります。一方、複数パッケージ価格モデルは、提供する価値に見合った金額を受け取ることができることから、利益を増加させることが可能となります。

その反面、デメリットとしては、価格設定が難しいことと、顧客の混乱を招く可能性があることがあげられます。

デメリット①価格設定が難しい

複数の顧客セグメントごとの必要としている機能や人数を正確に予測し、適切に機能する価格設定をすることは、困難を極めます。パッケージごとの機能や利用量が料金に見合うように注意しないと、失注や解約につながる恐れが高まると考えておかねばなりません。

デメリット②顧客の混乱を招く可能性がある

機能が複雑でパッケージ数が多すぎると、顧客は何にお金を支払っているか、料金が適切なのかの判断がつきにくくなってしまいます。そのため、顧客が理解しやすい内容で、多過ぎない数のパッケージを用意する必要があります。

複数パッケージ価格は、電子メールやスケジュール管理、人事・給与・勤怠・労務管理、プロジェクト管理などのアプリケーションをインターネット経由で提供するSaaS（Software as a Service）で広く採用され始めたのですが、そのメリットが大きいことから、他の業種においても戦略的に活用されるようになっています。複数パッケージ価格を採用しているSaaS以外の企業を紹介しましょう。

北米大手自動車保険会社である「オールステート保険（Allstate Insurance）」は、ドライバーの事故歴を加味した3種類の保険料金プランを2005年に提供しています。

北米大手クレジットカード会社である「アメリカンエクスプレス（American Express

Company)」は、カードの種類（グリーン、ゴールド、プラチナム、ブラックなど）に応じて、年会費と特典やサービスの充実度が異なるプランを展開しています。

大手配車サービスの「ウーバー（Uber）」は、利用する車の種類（Uber Pool、UberX、UberXL、Uber Blackなど）に応じて、異なる料金プランを提供しています。

価格設定モデル「サブスクリプション」

1回の購入で終わる「売り切り」ではなく、利用期間に応じて利益を得るモデルのことです。つまり、顧客が毎月継続的に使用料を払うことで、製品やサービスを一定期間利用することができる形式のビジネスモデルを指します。このモデルは、最初、「Amazon Prime」や「Netflix」に代表される動画配信サービス、「Spotify」や「Apple Music」に代表される音楽配信サービスなど、データやソフトウェアを利用するといったデジタル領域で広まりました。しかし、今では洋服や家庭用品、サプリメント、食品など、非デジタル業界の製品やサービスなどにも広まり、利用者も増えています。

サブスクリプションは、定期的に特定の商品を購入してもらえるため、顧客の好みを特定できるというメリットがあります。それを活用したその結果、顧客の好みに合う商材や

買い切りとサブスクリプションの違い

	プロダクト販売（買い切り）モデル	サブスクリプションモデル
価格	原価＋利益	ユーザー需要と使用量
売上アップの方法	販売数増加	ユーザーとの信頼関係（リレーションシップ）強化の結果、追加サービスの提供
製品の機能	購入後は固定	ユーザーのニーズに合わせてアップグレード
差別化要因	コスト・品質・機能性	プライスパッケージなど

サービスを適切に勧めることにつながるため、顧客との信頼関係を強化できるというメリットも持ちます。

買い切りとサブスクリプションとのモデルの違いを整理してみましょう。

従来のプロダクト販売（買い切り）モデルは、原価に利益をプラスして価格設定をします。このモデルは、販売数を増加させることにより、売上がアップする仕組みです。製品の機能としては、購入後は固定されるのが基本。新規購入時に支払う金額はサブスクリプションモデルよりも高くなります。購入後はずっとユーザーのものになりますが、新しいモデルが出たから無料でアップグレードされることは、ほとんどありません。アップグレード品が欲しい場合は、新たに購入しなければならないでしょう。

一方のサブスクリプションモデルは、コストや品質、機能性などは、ユーザーのニーズとその使用量で決められます。売上アップをしたければ、ユーザーとの信頼関係をさらに強め、様々な追加サービスを提供することが欠かせません。

製品の機能についても、ユーザーのニーズに合わせてアップデートすることが不可欠です。サービス利用期間中は、ずっと利用料金を支払うことになりますが、その分、新規購入時に一括で支払う金額は、買い切りモデルよりも安価に収めることができます。また、サービス利用中は、その間に行われるサービス・アップグレードを受けることが可能です。

サブスクリプションモデルは、ユーザーが継続して初めて利益を出すことにつながります。1回の支払いでユーザーが負担する料金自体は大きくないため、継続により安定した収益が見込めるものの、すぐに解約が発生すると初期投資分の回収すら難しくなるというリスクがあります。

そのため、いかに継続利用してもらうかの工夫を常にすることが必要です。ユーザーの生の声を集め、そこからニーズを分析したり、常にサービス改善に努めたりすることが求められますが、大切なのはユーザーと継続的にコミュニケーションをとることでしょう。

ユーザーにとって魅力のあるサービスを提供することはもちろんですが、ファンになってくれるユーザーを増やせば、それが解約率を下げることにつながります。これは、サブスクリプションモデルを成功させるポイントと考えていいでしょう。

価格の利益インパクトに対する理解

「1%の改善がもたらす利益」のところで触れましたが、当然ながら価格が利益に与えるインパクトはかなり大きいもの。ペンシルバニア大学ウォートンスクールの研究によると、営業利益に対するインパクトの順番は「価格：10・3%」「変動費の削減：6・5%」「販売量の増加：3・3%」「固定費の削減：2・5%」となり、販売量と比べて価格のインパクトは約3倍大きいことが証明されています。

ここで注目するのは、売上の増加かもしれません。しかし、前述したようにビジネスにおいて重要で、かつ新規事業立ち上げやスタートアップが優先すべきは、利益です。売上至上主義が行き過ぎると、利益を減らしてしまうことになりかねませんから、くれぐれも注意したいところです。

この利益インパクトについては、社内や該当チームでしっかりと共有し、そのリスクについても周知するべきでしょう。ブランドそのものを棄損することがないよう、しっかりと理解してください。

収益分析を通じ、どこで儲けて、どこで損しているのかを理解する

収益分析とは、その企業の総合的な利益創出力、つまり企業の稼ぐ力を様々な手法で分析することを指します。手順のスタートは、収益分析をする対象を選ぶこと。その収益分析を通じて、自社の商品やサービスがどこで儲けているのか、どこで損しているかについての理解を深めていきます。しかし、内容や評価は会社の特性（何を売っているかなど）により異なりますので、どの項目を対象として収益分析をするのかを決めておくとわかりやすく、理解が深まるはずです。

自社製品（サービス）の収益分析をする時には、以下の6項目から考えるとわかりやすいでしょう。当てはまるものから順に考えてみてください。

①商品やサービスごと
②顧客ごと
③地域別
④営業チャネルごと
⑤配送ごと
⑥その他

それぞれの収益分析は、四半期ごとや半年ごとのように、定期的に実施することとし、収益をもたらす要素は何か、損失をもたらす要素は何かを具体的に理解して、グループ分けし、明確化していきます。

儲け組を増大させ、損失組を減少させる施策を講じる

収益分析を通じ、収益をもたらす要素と損失をもたらす要素を理解することにより、営業戦略、価格戦略、商品企画、人材配置、マーケティング投資など、経営のための施策が明確になっていきます。その上で儲け組を増大させ、損失組を減少させる施策を講じることが、ビジネスをやっていく上でのポイントです。

収益分析対象がクライアントの場合は、大きな収益をもたらすクライアントは最重要顧客として位置付けて、可能な限りのサポートを提供していきます。様々な追加付加価値の提案、幅を広げたサポートの提案などを積極的に行うということです。これが、儲け組の増大です。

収益をもたらすことはあまりないけれど、損失を被る可能性がある損失組に対しては、これを機に、顧客を失っても良い覚悟で値上げ交渉を持ちかけます。

交渉により「もうこのサービスは要らない」と顧客が言うなら、それが損を改善、または損切りをする最大のチャンスであると捉えましょう。この算段は非常に大切ですが、もし自分でこれができないという場合は、Fractional CFO（時間給で雇える財務分析専門家）を雇うのも一つ。その人と一緒に、自社のモデルと施策計画を考案してみることをおすすめします。一度該当モデルを作ってしまえば、あとはそれを更新すれば良いので、高い給料のかかる人を採用する必要はありません。

収益組、損失組の施策を考え、洗い出し、分析していきましょう。

この章で重要なのは、キャッシュを生み出す7つの変数を理解すること。いきなり社員やメンバーに、「10％の売上増を目指す」「5％の改善に挑む」と言っても、それはおそらく実現できないでしょう。

むしろ、その数値を掲げることで、社員のモチベーションを下げてしまう恐れがあります。しかし、1％の改善を図るとどのように利益が増え、目標にどれだけのインパクトがあるのかを具体的な数字で見せることができれば、社員のモチベーションが上がり、社内全体が盛り上がるかもしれません。

そのためにも、まずはトップが、そのインパクトについて理解しておく必要があります。それを押さえた上で、価格設定をどうするか、プライシング戦略をどのように展開するかを考えていきましょう。そして、最終的には収益分析をして、自社商品やサービスの何が儲けにつながり、何が損失になっているのかを客観的に理解します。

どちらも明確にわかれば、儲けているところはどんどん伸ばし、損しているところは損切りする方向で考えてもいいでしょう。そうすることで、着実にキャッシュが貯まっていくはずで、つまりそれが、あなたの事業の金脈になるということです。

次章では、これまでに学んだ内容を実行に移すべく、オペレーション管理システムを作っていきます。

また、システムを全社員やメンバーに定着化する方法や、会社が伸びる会議システムについても説明しますので、ぜひ上手く活用してください。

FOUNDER MINDSET

第7章

計画の実行

実行に結びつく
オペレーション管理メソッド

目標、計画、戦略を全社で共有する

自社で立てた計画を実行するためには、全社やプロジェクトのチーム全員に対して、目標、計画、戦略を共有させる必要があります。

第3章で、市場規模を把握した後に事業計画書を作る話を紹介しました。そこで会社が掲げる志が高く大胆な目標、基本理念、事業計画を策定する必要性についてもお伝えし、第5章でも、新組織の軸を作るところで、基本理念とコア・バリューをしっかり設定する大切さを強調しました。

やはり、計画を立てチームで実行に移すためには、トップから末端まで、全社で会社の基本理念や、志が高く大胆な目標を理解する必要があります。全社員が同レベルで理解しないと、方向性にズレが生じてしまいます。たとえ最初は小さなズレだったとしても、結果的に大きく違った方向に進んでいくこともあるため、しっかり浸透させる必要があります。

モノを作って販売する事業をするのであれば、モノづくりの段階から徹底します。マーケティングをするなら、会社として定めた方向性や価値がお客様に伝わるような広告展開やコミュニケーションを取らなければなりません。

営業や店舗開拓を担当する社員は、どうすれば適切にお客様にメッセージを伝えられるのか、常に意識する必要があります。販路開拓においても、自社の価値を代弁者としてお客様に伝えるにはどうすればいいか、適した対応を見つける必要があります。ウェブサイトにおいても、それは同様です。考案者と作り手が一体となり、全員が会社のメッセージの代弁者であることを意識し、業務に取り組むためには、基本理念を深く理解する必要があるということです。

やるべきことを理解できたら、次は周知徹底です。部署ごとにやるべきことを決めてしまうと、意外とそのまま部署のみで動いてしまうことが多いです。それも大切ですが、部署ごとに決めたことを全社で理解した上で、業務に取り組むことが大切です。そのために必要なのが、事業計画です。ここでは、完成させた事業計画をどのように社内で浸透させていくかをお伝えします。

5年、3年、1年、四半期、月次の事業計画書を作る

第3章で、事業計画書は5年スパンで作成すると定義しました。5年、3年、1年、四半期、月次の事業計画、また財務的な観点からの収支計画と予算、事業計画に紐付いた達成目標と成果指標は、全社員で共有します。さらに、作った事業計画を実現するための戦略についても、しっかり共有します。ここで重要になるのは、差別化です。顧客はなぜ、競合商品ではなく自社商品を選ぶのか。防御性はどうか。顧客はなぜ継続的に我々の商品やサービスを選び続けてくれるのか。「我々は、こういった観点で他のところとは違う。お客様はこのような価値を見出して、我々と継続的に付き合ってくれている」という部分を、チームの全メンバーに理解してもらう必要があります。

例えば自社ブランドである「Shikohin」の場合でいうと、原材料の組合せ、商品名、パッケージデザインなどを考える際も、我々が掲げている会社としての提供価値や差別化に基づき、それに沿いながら論議します。競合他社が出している商品に影響を受け、我々も

類似品を出そうと言い始めるとズレが生じてしまいます。しかし、基本理念をきちんと定めておけば、原点に戻ることができ、大きなズレにはつながりません。基本理念を徹底させ、それを全員に共有することは、企業としてぶれることを防ぐことにもつながるということです。

達成目標を実現するための戦略をしっかりと共有しましょう。どのような項目があるか、ここで提供価値、差別化要因、防御性などについて再度振り返りをします。

「提供価値」——商品、サービスはどのような価値を提供するのか

●お客様が自社の商品やサービスから得られる価値は何なのか
●それを採用（購入）したら、お客様の人生や生活はどのように良くなるのか
●それを阻害する要因や、そうさせないものは何なのか
●なぜ今、それを買わなければならないのか

「差別化要因」——顧客はなぜ、競合商品ではなく自社商品を選ぶのか

●他社と比較し、自社の商品やサービスの特徴、また機能的優位性は何なのか
●競合他社に対して、差別化し勝負したい切り口はどこか

「防御性」――顧客はなぜ、競合商品ではなく自社商品を継続的に選び続けるのか
●他社が入り込めない大きな参入障壁を確立できるのか
●取り組んだ差別化をどのようにお客様に継続的に伝えるか

繰り返しになりますが、これらのことは全社員、スタッフが共有し、各々の仕事に反映させることが重要です。

お客様が大海原の中で限りなくある選択肢の中から選ぶ商品とは、自社の商品がどういう形でお客様に価値を提供できているのかが明確化されているもの。どんな価格帯で提供するのか、商品の価値をどう説明してプロモーションしていくのか、どんな販売経路で売るのか、しっかり決める必要性があることはすでにお伝えしました。ウェブサイトを通じて売るのか、店舗経由なのかなど、必要なチャネルについてもしっかりと検討する必要があります。

企業向けの売上では、どのような流通チャネルやマーケティングを駆使し、ビジネスとして売り上げるか。事業を作っていく上で取り組む様々な施策を、事業に関係する全員に説明する必要があります。経理担当者にも、工場で働いている人にも、全てのメンバーに

理解してもらいましょう。

特にスタートアップでは、実現するためにどのようなオペレーションを展開するかについて、明確にすることが大切です。人事のところでもお伝えしましたが、しっかりとした会社を作るには、優秀な人を雇用しなければなりません。

また、様々な業務について、自社内の人事でやるのか、業務委託をするのかも見極めが必要です。プロジェクトがまだ小さい時は、可能な限り多くのパートナーと組むことが望ましいでしょう。事業展開をする時は、一つのことを実現するために、我々はどんな条件で計画を実行していくのかという軸を明確にしておきます。

5年、3年、1年、四半期、月次の事業計画では、そこでの事業計画や戦略を実現するためにどれだけの予算を組むのか、どの程度の使っていいお金を割り振れるのかを把握しておく必要があります。

この部分を経営者が1人で担うのではなく、自分より秀でた才能を持つ人材に担わせ、周りを固めることが大切です。もし経営者が1人でやってしまうと、社員は「やらされている」と感じ、主体性を失うでしょう。

スタートアップは、最初にしっかり人を選び、その人たちに責任を与える必要があります。そのために目標、計画、戦略を立て、しっかり説明するのです。そうすることで、メンバーはそれを実現するために自ら考え始め、行動に移し始めるでしょう。

目標、計画、戦略を実行するシステムを定着化させる

戦略を実行するシステムを定着させるにあたって、実行に結びつくオペレーション管理システムを構築するメソッドがあります。

経営、営業、マーケティング、R&D、デザイン、物流、製造、人事など、部門ごとに分かれて目標をトップレベルで定めるのです。

第3章で達成目標と成果指標を定めることを話しましたが、それがここに活きてきます。まず達成目標を提示し、それを実現するための成果指標を定めていきます。

さらに、掲げた目標や計画、戦略を実現するために、実行に移すオペレーションシステム、および定着化について、ここでは伝えます。ポイントは8つ。図をシェアしながら説明していきます。

部門ごとの各工程で定める達成目標や、実現するための成果指標が決まれば、部門ごとに担当責任者を決めます。担当責任者には、目標、達成度、進捗状況について期限を決めて報告し、毎週、数字に落とし込み確認します。報告の方法としては、部門ごとに定めた成果指標に対する達成度を、未達なら達成するための阻害要因を報告してもらうよう促すのです。

例えば、EコマースならAOV（1注文あたりの平均単価）や、CAC（カスタマーアクイジションコスト：顧客獲得単価）や、ウェブサイトにアクセスしたユーザーのうち何人が売上に繋がるアクションに至ったかを示すコンバージョン率、ライフタイムバリュー（顧客生涯価値）などを事業計画書に落とし込み、それをベースに数字を報告してもらいます。

また、広告やウェブサイトなどのマーケティング費用についても数字を出します。Metaでいくら使ったか。Amazonにいくら使ったのか。ウェブサイトからの1顧客あたりの平均注文金額は、いくらだったのか。顧客獲得単価はいくらだったのか。そして、マーケティング費の費用対効果はどのぐらいなのか。表を作り、書き出して、週報としてプロジェクトリーダーもしくは上司にEメールを送るようにします。

目標が複数ある場合、そのうちの4つは達成したけれど残りは未達ということが生じます。ここで、「達成した目標もあるからいいですよね」となってしまいがちですが、それ

商品チーム

残り日数	45/90	50%
目標達成状況		55%

各目標進捗状況

18の新SKUを発売する	50%
何が最も収益性の高い商品かを示すプロセスを確立	70%
NPDプロセスを改善	50%

人事関連

残り日数	45/90	50%
目標達成状況		50%

各目標進捗状況

市場開拓のための営業担当を雇う	100%
マーケティングのサポートができる パートナー企業を3社見つける	50%
人事プロセス改善	30%

達成目標と進捗状況の例（Shikohinの場合）

全社営業目標

残り日数	45/90	50%
目標達成状況		40%

各目標進捗状況

D2Cでの売上を10万ドル	40%
Shikohinセレクトでの売上2万ドル	50%
法人向け売上を5万ドル	30%

D2Cチーム

残り日数	45/90	50%
目標達成状況		60%

各目標進捗状況

D2Cオンラインストアでの売上を10万ドル	40%
オンラインストアのアクセス数を月当たり8,000に増やす	70%
コンバージョン率を1.5%まで改善する	60%

	目標値	現在地	達成度		責任者	進捗状況
	$100,000	$40,000	40%		人物1	遅れ
	$20,000	$10,000	50%	40%	人物2	計画通り
	$50,000	$15,000	30%		人物3	遅れ

	目標値	現在地	達成度		責任者	進捗状況
	1	0	0%		人物3	未着手
	1	1	100%	33%	人物1	計画通り
	1	0	0%		人物3	未着手

	目標値	現在地	達成度		責任者	進捗状況
	10	4	40%		人物1	計画通り
	3	1	33%	41%	人物2	遅れ
	200	100	50%		人物2	計画通り

成果指標の例（Shikohin の場合）

周期	：四半期ごと	残り日数	45/90	50%
開始日	：2023-1-1	日数経過状況		50%
終了日	：2023-3-31	目標達成状況		60%

		基準	初期値	
売上を17万ドル	D2Cオンラインストアの売上で10万ドル	数値	$0	
	Shikohinセレクトでの売上2万ドル	数値	$0	
	法人向け売上5万ドル	数値	$0	

		基準	初期値	
Shikohinセレクトでの売上20,000ドル	ウェブサイトでコレクションを発表	Yes/No	0	
	アマゾンでコレクションを発売	Yes/No	0	
	政府／自治体からプログラムへの助成金を得る	Yes/No	0	

		基準	初期値	
法人向け売上50,000ドル	企業幹部／意思決定者（CEO、CPO、CSO）に直接販売できる10のチャネル（個人、企業、プランナー）を特定する	数値	0	
	forma、bonus.lyなど、3つの企業向けギフトHRアプリやマーケットプレイスに参加する	数値	0	
	[Q2] 第2四半期は200社にアプローチ	数値	0	

目標提示におけるポイント

1	各工程で定める目標
2	目標を実現するための成果指標
3	担当責任者
4	期限
5	現時点の成果
6	達成度合い
7	進捗状況（On Track, Off Track, Completed）
8	週次でのトラッキング

達成目標や成果指標が決まれば、部門ごとに担当者を決める

担当者は、目標、達成度、進捗状況を報告
毎週、数字に落とし込み確認

▼報告の方法

部門ごとに定めた
・成果指標に対する達成度
・未達なら達成するための阻害要因
▶を報告

はＮＧです。担当責任者は、未達の目標については四半期ごとに必ず実現することを周知徹底します。業務に関する責任者が誰なのか、現時点での達成度合い、成果、進捗状況、問題や課題の有無について、常に追跡できるような仕組みにしておく必要があります。

大変そうに感じますが、プロジェクトリーダーもしくは上司が最初に担当責任者に対して徹底的にこの流れを伝え、担当責任者がメンバー全員にやるべきことを伝えます。習慣化できれば、強いチームが出来上がります。会社の基本理念、志が高く大胆な目標、事業計画まで、社員全体に根付くまで、根気強く伝えていきましょう。

人ではなく、システムを管理する

自社のオペレーション管理システムを構築したら、次は「このシステムがあるから、毎日一歩一歩前進するのだ」と、それを信じる企業文化を根付かせる必要があります。要は、社員に直接問いただすのではなく、システムに報告されている数値をもとに、ファクト（事実）に沿い、その業務を管理するということです。人を管理することに重きを置いてしまうと、「この人だから大丈夫」と推測で判断してしまいます。そうではなく、システム主体で管理をすることが求められます。

システムを信じる企業文化を作る

リーダーの仕事とは、事業の方向性を示すと同時に、毎日とにかく会社を一歩でも1ミリでもいいから前進させること。そのためのオペレーション管理システムは非常に重要であり、それをリーダーがコミットしなければなりません。

担当者に紐付く達成目標と成果指標、全社共有による相互監視を取り入れ、全員に見られているという状況を作る必要があります。そのため、作業管理や、全社員に見えるような工程表を作成します。

透明性は信頼を高める

営業面でも、工程表や数字ベースでのパフォーマンスが見えていないと、メンバーがバラバラな方向に行ってしまうことになります。

達成目標と成果指標を定め、「目移りはするな、これ以外のことはやるな」と指示しておきましょう。物事を３つも４つもこなせる器用な人は、そうそういません。リーダーの仕事は「自分が責任を持つから、この成果指標を実現することにフォーカスしよう」と指示すること。数字を毎週、報告するところが、この仕組みのポイントです。

システムを信じる企業文化を根付かせるために、透明性を持たせて信頼を高めましょう。オペレーション管理システムで、全社の目標、計画、戦略を共有すれば、誰がいつまでに何をやっていて、それがどれくらいできているのか、遅れているのか、計画通りなのかが毎週わかります。透明性を重視して、担当者に紐付けた達成目標と成果指標を設定しているからです。

これを導入することで、1つの部署だけが遅延するということは起こりません。スタートアップはタスクが多いですから、一人ひとりの協力が必要な場面も多々生じます。それをスムーズに乗り切るには、チームワークが欠かせません。

一人ひとりが自身の役割を生かしきること。それがなければ、チームワーク自体が成り立たないのです。そのためにも、自分が担当しているタスクの説明責任、アカウンタビリティを明確化した上で、お互いの進捗状況を確認、理解して、バランスをとった形で組織が前進する必要があります。

社員の中には、優秀でクリエイティブ、さらに素晴らしいアイデアをどんどん打ち出す人もいるでしょう。

しかし、一度決めた計画については、四半期はそれを徹底的にやり切るようにします。たとえ魅力のあるアイデアを提案されたとしても、一旦は継続を選びます。

スタートアップは、小さな規模で業務を推進させていくため、様々なタスクが複雑に絡み合っています。

だからこそ、各々が任された仕事について、期限通りに責任をもってやり切ることが重要です。その期間内は、余計なことはしません。いくら良いアイデアがあったとしても、その期間だけは、みんなで合意したタスクを徹底的にやり切ることが大切です。

また、それを実現するには、必要な情報がすべて共有されていることが絶対条件になるということも、再度念押ししておきましょう。

権限委譲のための基準を作る

ここで、権限移譲のための基準を作っておきます。

プロジェクトごと、もしくは担当者ごとに、「ここまで（この金額まで）は、あなた（チーム）の判断で自由にやっていい」と指示していきます。例えば、500万円までOKとした場合は、権限内でやってもらいます。

しかし500万円を超える場合は、上司の承認を取る必要があると伝えるのです。わかりやすい例でいうと、出張経費でしょうか。上司は部下がどこに出張に行くのかなど、いちいち聞くことはしません。権限移譲のための基準を作ったら、とにかくその人に任せる。それを徹底します。

細かなことをやり出すと、組織は回りません。だからこそ、権限委譲の基準を作るわけです。その基準は、会社としてトップが決めればいいでしょう。それこそが、リーダーの役割であり、それを他者に委ねるということはしません。

担当者には、タスクではなく責任を持たせる

責任者や担当者には、タスクではなく責任を持たせます。目標を定めたら、「これで良いのかは、あなたの判断でやっていい」という基準を作り、全てを任せ続けます。その際、「これはタスクではなく、達成目標と成果指標を実現するための責任を、あなたに渡します」と必ず伝えることを意識してください。

説明責任を明確にし、報連相を徹底する

報告、連絡、相談は、担当者自らが率先して行うことを徹底します。そのために、担当者には説明責任（アカウンタビリティー）があることを伝えておきましょう。全てをオペレーション管理システムで運営し、定量的な重要成果指標のもとに行っているので、達成具合を希望的観測ではなく、事実として受け止めてもらうのです。

報連相は、優秀な人ほど自ら率先して行う傾向があります。

さらにいえば、そのような文化を作ることが必要なのです。リーダーが多忙でギスギスしていたら、社員は誰も報連相をしません。そのため、リーダーは余裕のあるフリをしておかなければなりません。アントレプレナー（起業家）やイントレプレナー（社内起業家）など、新規事業をやる人には楽観主義者が多いです。漠然と「上手くいくだろう」と思っているからです。

それは性格的に大切なことではありますが、部下を引っ張っていく時や、問題が起こった時などは、細かい指標がないと乗り切れないことがほとんど。性格が明るいことと、物事を楽観的に捉えられるかは違うのです。そのためにツールを使い、数字、定量的に担当者がどれくらいやったのかをしっかり把握することが重要です。

事実を受け止め、全体利益を考え、最終判断を下す

数字とは会社の「事実」を表すもの。その事実を受け止めて、会社にとっての全体利益を考え、行動する必要があります。経営者に求められるのは個人や部門ごとの利益ではなく、全体利益を考えて最終判断を下すこと。システムがあってこそ、それが可能になるということを忘れてはなりません。実行に結び付くオペレーション管理システムを導入して、

人ではなくシステムを管理することが大切です。

人で評価すると、個別最適化をするだけにとどまります。また、先述したように、透明性が信頼性を高めるということも意識してください。

もし、ここまで紹介したことを嫌がる社員がいたとしても、方針は変えません。これが自社のやり方であるということを徹底して理解させます。業務においても、徹底管理をすれば、結果につながります。新規事業やスタートアップは、安定収入を確保できる多くの既存顧客がいるわけではありません。だからこそ、各担当者の行動がすべてです。定めた期間は徹底して決めたことをやり抜く。そうすることで結果が出て、各人の報酬が増えるということを伝えると、モチベーションは上がります。

目的別の会議体設定（四半期、月次、週次、日次）

次に、目的別の会議体を設定しましょう。四半期、月次、週次、日次で実施内容の何を

各会議の例（四半期会議）

月次会議

・取締役レベル	・全体コスト
・2時間	・顧客レビューとChurn（顧客離れ）状況
・予算に対しての実績、収支計画と報告	・営業パイプライン
・資金繰り	・「オペレーション管理システム」の内容に基づき、課題解決
・財務パフォーマンス	・オペレーション状況
・営業状況	・商品開発
・主な売上（新規顧客、既存顧客）	・過去３ヶ月における特筆すべき事業の成功、課題、懸念事項
・主要KPIの報告（AOV、CAC、CVR、LTVなど）	・取締役への相談や決議事項
	・次の3ヶ月における達成目標や成果指標　等

取締役への相談や引継ぎ、最後に締めるのは次の３ヶ月における達成目標と成果指標。それを報告できたら、自社の事業の内容を把握できていることになる。
こういう会議を四半期ごとに実施する。

話すのか、会議の目的をきちんと分けて考えるようにします。

実施内容の説明ではなく、課題解決に注力

どの企業でも「会議」を重視しているでしょう。しかし、無駄な会議をする必要はありません。無駄な会議を省くことを考えましょう。

大切なことは、全ての会議において、実施内容や何を行動したかの説明ではなく、課題解決に注力すること。

部下やチームの報告は、「自分たちは、これだけ達成しました」「今、これをやっています」という内容に

各会議の例（月次・週次・日次）

月次会議

・役員レベル
・1時間
・財務パフォーマンスの報告
・営業状況
・オペレーション状況
・特筆すべき事業の成功、課題、懸念事項
・翌月の1ヶ月における達成目標や成果指標

週次会議

・CEOと部門ごと（チーム全員）
・30分
・「オペレーション管理システム」の内容に基づき、課題解決

日次会議

・部門ごと（チーム全員）
・15〜30分
・その部門の部門長が主体で、同じ内容を毎日やる

なることがほとんどでしょう。しかし、それで改善することはありないはずです。

全体利益を考え、最終判断を下すためには、うまくいっている内容ではなく、課題となっている問題の中身のほうが重要です。

取締役への相談や引き継ぎ、最後に締めるのは次の３ヶ月における達成目標と成果指標。それを報告できたら、自社の事業の内容を把握できていることになります。

こういう会議を、四半期ごとに実施していくのです。

この４つの会議体を常に進めることで、全ての会議がスムーズにいき

ます。ダラダラと単に自分が何をやったかという報告ではなく、課題解決に注力して行うと、効果的な会議になります。

報告については、システムで行うといいでしょう。必要な情報はきちんと集まるはずです。会議は、あくまでも課題を解決するための時間とし、全員にそう認識させます。

それ以外の時間は、各自が与えられた責任や業務に集中します。このようなメリハリをつけることで、会議をすることのメリットが発揮されるでしょう。

何をおいても、自社のオペレーション管理システムを作ることが先決です。

そして、社内全体に浸透させ、このシステムを信じてもらうこと。そこから実行に移してもらうことにトップは注力しましょう。そうすれば、何か問題が起こってもみんなで解決することができるからです。

新規事業開発者としてのマインドセットも、改めて考えておきましょう。新規事業開発者とはアイデアマンではなく、価値を生む実行者。そのための覚悟を持つ必要があります。いくらいいアイデアがあったとしても、それを実行に移さない限り、価値は生まれません。そのことを深く理解し、新規事業開発者として事業を進めていって欲しいと考えます。

いよいよ、次は最終章です。新規事業開発者としてのマインドセットだけではなく、成功者としてのマインドセットもお伝えします。

FOUNDER MINDSET

第8章

成功者は絶対に諦めない

世界で知られる、日本人の力と可能性

これは日本であまり知られていない事実かもしれませんが、日本人は海外の多くの人からとても尊敬されています。日本の歴史に興味がある人、日本文化に興味がある人には、とくにその傾向があります。彼らは日本人の国民性を心から信用し、尊敬しているのです。私自身は、そのことを渡米後に感じるようになりました。

歴史好きな米国の友人と話すと、明治維新をきっかけに鎖国から国際社会に羽ばたいたという、その軌跡に敬意を持つ人が多いことを感じます。日本は、史上まれに見るスピー ドで近代化の道を進んできました。腰に刀を差した侍たちの国であった日本が、約40年後には日露戦争に勝ち、そしてその40年後には第二次世界大戦に負けて多くを失ってしまうわけですが、それにも挫けず、高度経済成長を経て、さらに大きく前進してきました。そして、敗戦約20年後の1968年にはアメリカに次ぎ、GDP世界2位の経済大国に成長したわけです。その歩みと日本の「巻き返す力」に驚きを示すのです。

この成功のベースには、日本の長い歴史の中で育まれた伝統文化、教養、美意識、勤勉な性質があります。そして世界、特に西洋諸国から得られる新しい社会制度や技術を、柔軟に吸収する好奇心と開拓精神があると私は考えます。ヨーロッパのルネッサンスで様々なものが生まれたように、日本は多くのものを生み出しました。日本人特有の気質も、大いなる発展に一役買ったことは言うまでもないでしょう。

奇しくも現代の日本もまた、様々な課題に直面しています。急速に進む少子高齢化と介護問題、新型コロナウイルスで生まれた新しい生活スタイルなど、個人的なことだけではありません。人材不足や先進技術が牽引する働き方改革、混沌とする国際情勢など、江戸末期のように先行きが不透明で世の中が大きく変わってきている時代を私たちは生きているわけです。ですが、そのような先がわからない時代だからこそ、大きな可能性を秘めているともいえるのではないでしょうか。

2人の経営者のファウンダー思考

世界中の名経営者に影響を与えたとされる、経営学者であり経営思想家の、ピーター・ドラッカー（Peter Drucker）の名言をご紹介しましょう。

"The best way to predict the future is to create it."
「未来を予測する最良の方法は、未来を創ることだ」

この言葉が当てはまるのが今、まさに現代だということです。ここで、ピーター・ドラッカーのごとく、ファウンダー思考を持つ経営者を2人、ご紹介します。私がインタビューをする形で、忌憚なき意見を伺いました。

1人目は、ロサンゼルスを代表するインキュベーターであり、投資家でもあるマイク・ジョーンズ（Mike Jones）氏です。キャリアの最初の十数年は、シリアルアントレプレナー（連続起業家）として複数の会社を立ち上げては売却し、『MySpace』の最後のCEOでもあります。その経験を活かし、ここ十数年はロサンゼルスを拠点に数多くの新規事業の立ち上げに携わっています。例えば、企業価値ゼロから10億ドルの企業へと育てた会社として、ヒゲ剃りのサブスクリプションサービスを提供する「Dollar Shave Club」（2016年に10億ドルでユニリーバが買収）と、ただの水を格好良い缶で売る「Liquid Death」（現在の企業価値の評価は10億ドル以上）が有名です。デジタルマーケティングの天才であり、最先端のトレンドやビジネス機会、新規事業戦略についてブレストすることにおいて、私にとって最高のパートナーです。

対談 マイク・ジョーンズ氏×信原 威

信原 私は今、企業から新しいビジネスを始めるイントレプレナーに向けて本を書いています。書籍では、新しいビジネスを始める人々を応援したいと考えていて、最終章では、あなたのインタビューからの学びを載せたいと思っていますので、よろしくお願いします。

まず、アメリカでのイントラプレナーシップの成功をどのように考えていますか？

マイク まず、ベンチャーキャピタル業界では「アメリカで社内起業は成功しないコンセプトに基づいている」といわれていることを伝えておきます。私たちが投資する企業の大半はそうです。

信原 では、別の角度から話をしていきましょう。アメリカで新会社を立ち上げて成功するために、人々が持つべき核となる要素とは何だと思いますか？

マイク 第一に、リスクや失敗に対して高い耐性を持っている必要がありますね。新しいことに挑戦する時には、上手くいかない可能性も大いにあるわけですから。たとえ失敗を経験しても、解雇されたり、恥をかいたり、結婚生活に悪影響を及ぼすような状況になってはいけません。高いリスクの可能性がある状況に進む覚悟が必要で、その失敗の向こう側で、「自分は大丈夫」だとわかっている必要があります。

例えば、ニューヨークで大きなヘッジファンドを経営していた友人がいましたが、彼は事業に失敗して多くの人脈と大金を失いました。その後、彼はこう言いました。「僕はずっとニューヨークにいたのに、たくさんの人とお金を失った。そして、どこに行こうかと考えた。そうだ、シリコンバレーに行こう！　彼らは失敗を祝福してくれるから」と。彼はシリコンバレーに移住し、企業にアドバイスする事業を始め、その後は素晴らしいキャリアを築いています。彼は、シリコンバレーは失敗しても大丈夫な場所だとわかっていたのでしょう。仮に失敗したとしても、自身に悪影響を及ぼさない文化が必要ですね。

信原　それが1つ目ですね。

マイク　それが1つ。2つ目は、どんな分野に進むにしても情熱と独自の洞察力が必要なことを付け加えておきましょう。目指す分野が決まったら、それに対して常に情熱を持っていなければなりません。ただ与えられた仕事をこなしていくのとは違います。自分を突き動かす何かがなければならないことを覚えておいてほしいです。

3つ目は、他の誰とも異なる独自のアプローチが必要ですね。そのためには、どこかで独自の知識を学ぶ必要があるということです。もしみんなが同じ市場を知っていたとしたら、大勢の人がアプローチするでしょう。ですから、その業界や市場、製品、成分、または他の人とは異なる戦術について、何かしら知識を持っている必要があるということです。

信原　なるほど。人のスキルについてはどうですか？　あなたは、失敗を受け入れる安全な場所を提供することや、情熱や戦術についても話をしてくれましたが、それはある意味、個人の環境やその人の持つ願望だと思います。しかし、財務諸表やマーケティング戦術など、基本的なスキルについてはどうでしょうか？

マイク　創業者の視点に立つと、創業者に対する標準的なマニュアルは存在しないと思います。マーケティングには長けているけれど、財務は大の苦手で損益計算書も読めない創業者がいますし、逆に財務には非常に優れているけれど、ブランドを立ち上げる方法を知らない創業者もいます。要は、創業者のスキルには多様性があり、どの分野においても専門的に優れた能力を持つことが成功につながるのだと思います。

ほとんどの場合、初期の創業者であるＣＥＯは、ビジネスのある要素に特別なスキルを持っています。その要素は、そのビジネスにとって非常に戦略的なもので、戦略の中心的な要素でしょう。逆に彼らに欠けているスキルの多くは、おそらくより伝統的なものなので、それは雇用によって補うことができます。

私たちは役員の多くを面接しますが、ＣＯＯ（最高運営責任者）やＣＦＯ（最高財務責任者）

の多くは、みな似たように見えます。CMO（最高マーケティング責任者）も同様でしょう。しかし、私の経験では、CEOは全く同じように見えません。彼らはみな、他の人とは異なって見えます。CEOの視点は非常に多様で、独自の興味とスキルを持っていますから、学生時代の話を聞くと、彼らは伝統的な大学カリキュラムに収まらないため、大学環境に合わなかったと話していました。

ですからCEOに関しては、具体的な資格認定ができない職務だと考えています。それに対して、他の役割はほぼ具体的に資格を付けることができます。私たちがエグゼクティブチームを構築する際には、CEOの強みに焦点を当て、CEOをサポートする人材を配置し、バランスの取れたチーム作りを心がけています。

信原　では、ビジョンや情熱を持ち、リスクを覚悟で新会社を立ち上げようとする人に対して、どのような人材を採用することを勧めますか？　最初は予算が限られていますから、良い人材を雇うことは難しいですよね。あなたが同じような状況に戻ったとしたら、インキュベーターと仕事をしますか？　それとも自分にはない役割を担当できる社員を雇い、まずは自分でビジネスを立ち上げようとしますか？

マイク　それには2つの側面があると思います。初期のチームという観点から言えば、まずはビジネスに対する情熱が自分と同じか、それに近いレベルで、ビジネスに必要な優れたスキルを持っている人を見つけなければならないでしょう。ビジネスを立ち上げた初期の段階だと、それに見合った報酬を支払うことは難しいですから、キャッシュ以上の何かのために取り組んでいる人を見つける必要があります。もし、私たちがCEOにとって最も重要なスキルセットは何かと聞かれたなら、「才能を引き寄せること」と答えます。CEOは、才能を引き寄せる能力を持っていなければなりません。CEOは、安定した企業の仕事を選ばずに、自身の使命に参加するよう、才能ある人に売り込まなければならないからです。

そしてCEOは、彼らにその才能を納得させなければなりません。「僕を信じて、この使命を信じてほしい。給料は市場の3分の1にするつもりだが、本当にエキサイティングなことになるから」と。正直に言うと、こういう状況で見られる典型的なクロージングの言葉は、安定した企業は常に待っているものです。例えば、「この会社での仕事は、あなたのためにある。3年後も、5年後も常にある」という言葉もそうでしょう。

ですが、人々がリスクを取ることができる機会は非常に限られています。それは結婚前、子供を持つ前、子供が大学に通う前、高額な私立学校に通う前などかもしれません。確かに、これらのタイミングは、リスクを取ることができる瞬間とも言い換えることができます。これが、起業家が若いことが多い理由の1つです。なぜなら、生活費があまり必要ない時期だからです。デメリットは、仕事を辞めて起業することができても、仕事を見つけるのが難しいことでしょう。高度で複雑な仕事をしていて高収入者の場合は、その仕事を辞めることはしないと思います。

信原　そうですね。最初は、本当に情熱的で、その使命を共有したいと思っている人を探します。それに、そのレベルの柔軟性とリスクの許容度が必要ですね。そして、あなたが率いる『サイエンス』のようなインキュベーターが、コーチング、資本、戦略、諸々の専門知識を提供して支えることで、そのCEOの才能を開花させるのですね。

マイク　その通りです。優れたアドバイザーに囲まれることができれば、うまくいけば5年ほどで10億ドルの価値がつく事業に成長できるようになるかもしれません。優れた雇用を行い、そして問題を引き起こす悪い雇用をしないことで成功できるでしょう。だから私たちは、常に才能に恵まれているCEOを探しています。非常に傲慢な起業家も存在し、初期段階ではアドバイスを受けることを望まず、自分のやり方で進めたいと考えているところがあります。ですが、その優れた起業家を優秀な才能で囲むことができれば、より良い結果をより速く出すことができることを示してきました。

信原 それは、非常に興味深いポイントですね。COVID（新型コロナウイルス）後でも、外国からアメリカにやってきて、新しいビジネスを立ち上げる人は多くいますか？

マイク アメリカはいまだに最大のベンチャー・エコシステムを持っています。ですから、もし世界規模のビジネスを立ち上げる、大規模な資金調達が必要なら、アメリカはあなたにとって魅力的な市場となるでしょう。また、ベンチャーキャピタリストの観点からも、彼らは自分たちと同じタイムゾーンにいるCEOを好みますし、取引のしやすさからも直接会えることを好みます。

だからアメリカは、ここでビジネスを興したいと思う多くの人材を惹きつけているのでしょう。他の国がより多くのイノベーションを引き寄せ始めるためには、ベンチャー・エコシステムを構築する必要があります。アーリーステージ、ミッドステージ、レイトステージのファンドで多くの資金が流れ、スタートアップの育成を支援するエコシステムの形成が必要です。

信原　以前、投資家は起業家と直接会って話をするために、自分の住んでいる場所の近くにオフィスを置くことを望みました。これは、COVIDの後もそうだと思いますか？

マイク　いや、COVID以降、私たちはリモートワークやビデオ会議にすっかり慣れてしまったので、完全に変わったと思います。以前はすべての社員をオフィスで働かせたいと思っていましたし、それを本当に楽しんでいたけれど、そのこと自体が懐かしいです。シリコンバレー全体を見ても、ほとんどの企業はシリコンバレーにある必要があると思っていたけど、今では相手がどこに住んでいてもいいという考えが広がっています。なにしろ、優秀な人材は、今はサンフランシスコに移住していないのです。ほとんどの投資家の会議はビデオ会議で行われています。つまり、人々はどこにいても問題ありません。

信原　なるほど。例えば、ある日本人がアメリカで会社を興したいと考えていて、良い投資家を探しているとします。彼は自分のビジネスモデルに自信があり、情熱もあり、成功への意欲もあるのですが、英語があまり得意ではありません。投資家として、あなたは彼または彼女への投資を検討しますか？

マイク　難しいと思いますね。一緒に会社を発展させるためには、多くのコミュニケーションを必要とします。そのコミュニケーションはほぼ完璧でなければならず、誤解は避けたいですよね。だから、たとえば私が日本で資金調達をするなら、完璧な日本語を話す人を連れていって、翻訳が正確であることを確認すると思います。

信原　通訳を雇えば良いでしょうか？　大谷翔平がいつも通訳と一緒にいるように。

マイク　それは良いことだと思います。大事なのは、ＣＥＯが魅力的なアイデアを持っていて、説得力のあるビジネスを持っていることです。多くの人が良いアイデアを持っていることは確かです。ただし、それらのアイデアが他の人々が見たものよりも優れているかどうかはわかりません。魅力的なアイデアだけでなく、実績も重要です。私のところには、自分のものを売り出したいと言ってくる人がいます。「素晴らしいモバイルアプリがある」と言うのですが、「それを作成しましたか？」と聞くと、「いいえ、まだ作成していません」という答えが返ってきます。どうやって立ち上げるかをまだ考えていないのです。

ですが、別の話である人が「発売したい素晴らしい製品があるのです。もう作りました。

消費者の反応もすでにあって、月5万ドルの売上がありますと言ってきました。私にとっては、その方がずっと面白い話です。だから、あなたがたは市場であらゆる競合他社と競争していることを忘れないでください。

信原 CEOには、片言の英語でコミュニケーションを取ってもらいたいですか？ それともCEOに通訳を雇わせて、コミュニケーションをもっとスムーズにさせたほうが良いでしょうか。

マイク 今では、投資家との最初のコミュニケーションのほとんどは提案資料や電子メールを通じて行われるだろうと考えています。多くの優れた翻訳ツールがありますから。もし私たちに優れたアイデアがあって、他の国に行かなければならない場合、おそらく電話で話すよりも、他の国の言語に合わせたメールでコミュニケーションを取ると思います。
以前、私のところに財務の資料や素晴らしい戦略などを書面で送られてきたことがありました。私がその資料やアイデアに感銘を受けている時は、相手が英語を話すのが得意かどうかはわかりません。そして、次の段階で初めてビジュアルな会話や音声の会話が必要になるのでしょう。その時点で通訳が必要になるかもしれませんね。また、ロシアやヨーロッパから来たビジネスパーソンが、完璧な英語を話すと思っていたことがありました。提出された資料が完璧で素晴らしかったからです。ですが実際に会って会話をすると、彼らがネイティブスピーカーではなく驚いたこともありました。

信原　なるほど。日本で成功したｅコマース（電子商取引）やソフトウェアはアメリカでも拡大して成功する可能性があると思いますか？

マイク　できない理由がないですね。日本には素晴らしいイノベーションと起業家精神がありますし、文化も素晴らしいですから、多くの可能性があるのではないでしょうか。

この夏、起業家精神を教える教室を開いたのですが、その中で何度も出てきたのが「新たな事業を成功させるためには信念を築く」ということでした。

では、どうやって信念を築くのか？　私は以下の３つの要因があると考えています。一つは、あなたの近くで成功を収めた人々と接すること。自分が目指すものを達成した人々に近づくことで、自身も同様の成功が可能であるという信念が強化されます。２つ目は、信念は実践と一貫した努力によって育まれます。自分のスキルや目標において実践し、進歩を見ることで、自身の能力に対する信念が強化されます。３つ目は、自身の特権や有利な条件を振り返ることです。

これについては、もし裕福な家庭で育つと自身も裕福になることが多いように、信念を築くことは、自身の環境や経験の要因の組み合わせで達成されることが多いからです。現実的な目標を設定し、それを達成するために努力し、成功を収めた人々からの刺激や指導を求め、自身の信念や成功に寄与した可能性のある特権や利点を認識することが重要です。

スタートアップでもスポーツでも何でも、常に練習して、自分はそれでスターになれるという信念の構造を持つ。そして、偉大なことを成し遂げるのです。素晴らしい結果を出している起業家に囲まれていると、自分にもできると信じるようになるでしょう？　自分にもきっとできると。シリコンバレーの美点は、まさにその近接性です。

つまり、起業している人々に囲まれていると、彼らが失敗したり、資金調達をしたり、新しいスタートアップを始めたりする様子を見ることができます。友人が1億ドルを稼いだり、または買収されたりする状況もあるでしょう。そういう環境に身を置くことで、自分自身の信念を築き、達成する可能性が高くなります。

逆に、地域的な近接性がない環境では、信念を築き、成功を達成することは難しいでしょう。そして最も困難なのは、恵まれた環境で育っていない人がいる場合、様々なスキルを練習したり、実践したりする機会が得られないことです。だから、彼らがクレイジーなことを成し遂げに行く可能性は極めて低いと言えます。

信原　では最後に、これから起業を志す人、日本から来た起業家にアドバイスや励ましの言葉をお願いします。

マイク　つい20分ほど前に、起業家を目指す大学生の男性との電話を切ったところです。彼は私に連絡を取る方法を見つけてくれて、30分ほど素晴らしい会話をしました。本当に多くの人が、自分がどのように旅をしてきたかについて、アドバイスを分かち合いたいと思っているのだと思います。

私は、人生はショッピングのようなものだと考えています。つまり、自分の人生をどうしたいかがわからない場合、様々な場所を見に行く必要があります。多くの場所を訪れ、自分の人生をどのように築くかを考える必要がありますね。そして、それらのアイデアや経験をショッピングカートに詰め込んでいくのです。自分がやりたいことを見つけた時は、それをすでに達成した人、憧れる人、あなたが好きな会社を作った人、好きな仕事をしている人、尊敬する人を見つけましょう。そして、できるだけ彼らに近づいてコンタクトを取りましょう。そして、大胆にお願い事をしてください。みんな、助けてくれます。多くの人は恥ずかしがり屋で遠慮がちだけれど、どんどんお願いするといいでしょう。

信原　あなたの洞察力と素晴らしいコンテンツにとても感謝しています。とてもエキサイティングな内容でした。本当にありがとうございました。

マイク　こちらこそ、呼んでくれてありがとう！

続いて2人目は、ロサンゼルスにおける食品関連の仕事に従事する人々の中では知らない人はいない、多くの人から愛されている新撰組の局長、重田光康氏を紹介しましょう。重田局長が部屋に入ると、一気に雰囲気が明るくなり、室温が上昇します。常に真摯で真っ直ぐな性格を持ち、対面した瞬間に目をじっと見つめられると、自分もまた素直に心を打ち明けたくなる感覚に陥ります。彼はロサンゼルスに単身渡米してから創業30年で、日米15店舗、従業員450名の企業に育て上げましたが、今でもより大きなアメリカンドリームを追い求めています。常に若い世代の未来を考慮し、彼らのために積極的な行動を起こす大きなパワーを持つ、私にとって兄貴のような存在です。

対談

重田光康氏×信原 威

信原　本書は、これから新規事業の立ち上げを目指す若い世代のみなさんにも読んでいただきたいと考えています。高校生や大学生の段階で、事業の立ち上げを知り、どういうものかについて触れ理解することができれば、自分が社会人としてどんな風に生きていきたいのかをイメージしやすくなるのではと思います。さらに、新規事業立ち上げにおいて、どのような準備をすればいいかを具体的に知ることで、人生が豊かになり、日本社会もさらに良くなるはずです。

というのも、日本人がアメリカをはじめとする世界にどんどん進出すれば、外貨を稼ぐことができます。また新しい仕事を生むことにもつながりますし、最終的には日本人が新しい人生を開拓することにつながるはずです。そこで重田さんにお話しいただきたいのは、これまでのご経験から、新規事業を立ち上げるうえで持っておくべき志、どうすれば成功できるのか、これから新規事業立ち上げを目指す人たちへのメッセージです。まず、重田さんがアメリカ進出を目指されたきっかけについて、お伺いできますか？

重田　私の実家は建設業を営んでいます。父が早くに亡くなり、母が一人で会社を切り盛りしていて、私は母をサポートしながら、高校や大学で土木工学について学びました。いわゆる普通の家庭で育ち、大学を卒業したら、それなりの人生を歩んでいくのだろうと漠然と思っていました。ですが、ある日「この決まった路線で生きていいのか？」という疑問がふつふつと湧いたのです。当時の私には根拠のない自信があって、このまま日本にいたら、ある程度のレベルには行けるはずと信じ切っていました。今思うと、天狗になっていたのです。自分は何でもできると思っていたのですが、「自分一人だけの力でどこまでできるのか」ということを試してみたくなりました。それが高校生の後半から大学生くらいの頃です。そこで、経済大国であるアメリカに行き、自分を試してみようと思い立ち、渡米したというのが出発点ですね。

信原　土木について学んでおられたということですが、アメリカではどのようなことをやろうと考え、それをどのように見つけられたのですか。

重田　アメリカでやりたいことを見つけた瞬間ということであれば、アメリカに着いてすぐに、「この国で街づくりをしたいな」と思い浮かんだことになるでしょう。でも実は、ちょっとアメリカを体験してみたいという単純な気持ちで渡米したのです。英語も、アメリカで半年も生活したら話せるようになるだろうと気軽に考えていて、アメリカで生活するための下調べもほとんどしていない状態でした。

信原　そうだったのですね。しかし、それからアメリカで事業を立ち上げられて、「新撰組グループ」は30周年を迎えられました。ここからは重田さんの起業ストーリーについてお伺いします。まず、現在の新選組グループの店舗数や従業員数を教えてください。

重田　店舗は、アメリカと日本を合わせると15店です。従業員はアルバイトまで含めると450名以上。そのうち95%以上が現地の方たちです。出店し始めた頃は、従業員の8割が日本人、残りが現地の人という構成でしたが、逆転しましたね。今は、彼らがとても頑張ってくれています。

信原　アメリカで街起こしをしたいという志を持ち、いろいろとご苦労されたと思いますが、レストラン業に落ち着かれた経緯を教えてください。

重田　日本にいた頃は、私はそれなりにいろいろなことができました。しかし、アメリカではそうでなく、まず私は英語が話せない。お金もない。当然ながら誰も私のことを知りませんし、相手をしてくれません。私は幼い頃からやんちゃで、ガキ大将でしたから、そういう状況を経験したことがなかったのです。だから、ひどく打ちのめされましたね。特に、明日食べるものがないと状態はつらかったです。でも、ここから這い上がりたい、このままだと負け犬として帰国することになるから、それは避けたいという一心でした。当時、日本はバブル期で景気が良かったから、みんなに帰国するよう促されました。でも僕は強がりだから、日本は僕の帰るところではない、アメリカで誰もできないことを僕はやると電話で言い切ってしまったのです。

そこから何をしようかと考えた時に、せめてビジネスをかじって、何かしらの形を作ってから帰国したいと考えました。そこから英語を学び直しましたが、なかなか英語での会話ができるようになりません。そのような状態で街づくりをするとなると、何が足りないのかを考えました。私は土木の知識はあります。ですが、不動産売買については知りません。だから不動産の免許が必要だと単純に思いました。あとは、アメリカ社会で相手に覚えてもらうためにも、インパクトが必要と考えました。たとえば誰かに紹介される際に、仕事以外の何かがあった方が、覚えてもらえるのではないかと。そんな時に、コロラド州デンバーで空手の全米大会が開催されることを知りました。それを見て「私は近々この大会に初出場し、優勝をする」「不動産の免許は一発合格する」とみんなに宣言したのです。

信原　重田局長らしいですね。

重田　私は幼少期から柔道や他の武道の経験はあったものの、フルコンタクトの空手の経験はありませんでした。でも言いきってしまった以上、やるしかありません。そこから空手の練習を日によって10時間やり、睡眠時間は2~3時間という生活を1年半続けました。不動産免許の勉強ももちろんしましたが、僕は英語が全くわかりません。試験は当然全て英語です。テキストはけっこう分厚くて、5センチはあった。最初に見た時は気が遠くなりました。「どうするんだ、これ。でもみんなに宣言したからなぁ」と思い直し、自分の中で模索しながら勉強法を確立しました。お金を稼ぐ必要もあったので、朝は弁当配達をしました。ここまで努力したことはないと断言できるくらい、努力した日々でしたね。

信原　重田さんが渡米されたのが1988年で、優勝されたのが、1991年。渡米後3

年間で、優勝にたどり着かれたんですね！

重田　そうです。中量級に初出場し、初優勝という奇跡を起こしました。その1ヶ月前に不動産の免許に合格したので、自分史上、最もやり切ったと感じた時期です。これを経験したからこそ、何があっても大丈夫ですし、この時のことが自分の原点にもなっています。私の大きな財産ですね。

信原　そこからレストランを始められたのはどうしてですか？

重田　宣言通り不動産免許を取得し、空手の全米チャンピオンになりましたが、相変わらず英語はまともに話せず、人脈も広がりませんでした。当時の私は、明日食べるものにも困ることがあり、綺麗ごとでは生きられないので、まずは地に足がついた商売で日銭を作ろうと思い、色々考えた結果、カウンター商売を選びました。それが私のスタートです。

信原　カウンター商売というのは、接客業ということですね。最初は焼き鳥屋だったとお伺いしました。

重田　そうです。焼き鳥屋を選んだのは、大学時代のアルバイト経験からです。私は福岡県の大学に進学したのですが、福岡は焼き鳥が有名で、あちこちにお店があります。福岡に行ってから、さっそく下宿近くにあるお店に入り、焼き鳥を食べました。驚いたのは多種多様なメニューがあるのと、味です。何を食べても途端に笑顔になるほどおいしくて衝撃でしたね。お店に『アルバイト募集』の貼り紙がしてあり、すぐに「僕を雇ってください」とお願いしました。

当時の私の時給は500円。私は、経営者が倍の時給を私に払ったとしても、安いと思ってもらえるくらい、一生懸命働こうと決めていました。それは、小さな頃から母親に言い聞かされた3つの言葉の影響です。

1つは、「信用は金蔵《かねぐら》」という言葉です。「信用があれば、お金が集まって蔵も建てられる」という意味ですね。信用を得ることは、毎日紙を1枚ずつ積み重ねていくようなものだと。コツコツ積み上げていかなければなりませんが、失うのは一瞬です。2つ目は、「武士は食わねど高楊枝」と教え込まれました。「男に生まれたのには意味がある、だから男らしく、どれだけつらくても顔には出さず、同情されるような生き方は選ぶな」と。最後が「為せば成る、為さねば成らぬ何事も　成らぬは人の為さぬなりけり」。上杉鷹山《うえすぎようざん》の言葉ですね。「何事においてもやればできる、やらなければできない。できないのは、やろうとしないからだ」という意味になります。何かを成し遂げるには、まず行動しなければならないということですが、この3つの言葉に大きな影響を受けました。母は、毎日のようにこの言葉を私に言うので、一時期は「耳にタコができる、聞きたくない」と拒絶したくらいですが、実際は私の人生を支える言葉となっています。一生懸命働いたのは「信用は金蔵」と考えていたからですが、当時の自分は純粋に、それだけの仕事をしたと思います。

信原　なるほど。

重田　これからの人達にまずお伝えしたいのが、自分の目の前にある道は、自分が選んだものではない、目指す道ではないと思うことがあるかもしれません。しかし、起こっていることは、必ずご縁がつながること。それを大切にしなければなりません。だから、仕事であれば向き不向きや、やりたいかやりたくないかではなくて、与えられたことを一生懸命取り組んでもらいたい。自分に嘘をつかず、一生懸命働けば、おのずと結果はついてくるはずです。

信原　これはアメリカでも通じることですね。

重田　そうですよね。私は正直に、人に喜ばれる生き方をしてきたから、新鮮組グループの「今」につながったと考えています。私は今も英語をまともに話すことはできませんが、お客様はいまだにずっと来てくださいます。私が下手でも懸命に話そうとするから、アメリカ人のお客様も私の話を聞こうとしてくださいます。お互いにお互いの人間性を見よう、感じようと思っているはずです。これは短期間で勝負しようとすると、おそらく負けてしまうでしょう。しかし長期間で勝負しようと思ったら、人間味を見せる方が逆に勝てる可能性があると思います。だから英語も、スラスラ話せないほうが人間味を感じさせ、武器になるかもしれません。

信原　ありがとうございます。重田局長は焼き鳥店を仕事に選ばれ、そこから30年間ひたすら丁寧に、一つひとつの仕事をし続けてこられました。お母さまの言われていた3つの言葉を信条にし、それをもとにきちんとした仕事を提供し続けて来られた結果、今の規模の事業に育て上げられたのですね。

重田　ベースはそこですね。私は、自分のフィルターを通したことが真実だと考えています。学校や書籍で勉強したこと、親や先輩、後輩、友人や仲間など、周りの人たちから教わったことも、もちろん頭に入りますが、実際に体験することで、腑に落ちて、自分の「信念、信条」へと昇華するのです。そのことを表現することが、私のスタイルです。だから、好きなものを好きな味で、好きなサービスで提供したいと思いました。焼き鳥は私の一番の大好物なので、最初に選んだということです。

次に選んだのは、ラーメンと鍋。これも私の好きなものです。その次が、ちゃんこ屋です。当時のアメリカで、ちゃんこ屋をやっているところはありませんでした。ですが、周りには大反対されました。博多ラーメン屋はロサンゼルスで初だったのですが、豚骨スープには豚が入ります。宗教上の理由などで、豚を食べない人も多いですからね。

唯一、妻だけが「いいじゃない」と賛成し、背中を押してくれました。

信原　そうだったんですね！　では、重田局長が経営者として「ウチの事業はいける、上手くいく」と思われたのは、どんな瞬間だったのでしょうか。お客様と接して感じられたのか、行列ができた時なのか、それとも売上なのか。

重田　これは不思議な話になりますが、「新選組」を開業してから3年間、365日休むことなく店を開けましたが、最初は経営は上手くいかず私の給料は出ませんでした。「絶対にこれで終わるはずがない」と考えながらも、料理に関してはド素人ですから、自分で追求するしかありません。最初は、お客様がオーダーされた料理を自分の分も作り、お客様と同じタイミングで食べて、トレーニングを積みました。それでお金をもらうことは大変失礼だと自覚していましたが、とにかく一生懸命だったのです。それを積み重ね、自分の納得がいく料理を作れるようになり、お客様に自信を持って料理を提供できるようになりました。また、挨拶、礼節、目配り、気配り、心配りが大切であると考え、お客様が言われる前に何を求めておられるのか、理解できるようになりました。

信原　すごいですね！

重田　私のお店に来ていただいたお客様には、心地良くゆったりと過ごしていただける、そういう演出をしたかったのです。また、優越感に浸っていただきたいとも考えていました。それが「新選組グループ」の信念や理念になっています。私がそれを追求し続けて3

年目のある日、預かった若い子たちの変化に気がつきました。挨拶すらできなかった子が率先して挨拶をするようになり、まったく気を使えなかった子がきちんと気配りができるようになっていたのです。その時に、私の目の前にあった霧がパーッと晴れて、「私のしたかったことはこれだ！」と思えました。

それまでの私は、お金ばかりを意識し、追いかけていました。仕事を通して、自分の顔を売ろうと必死だったのです。ですが今思うと、それは邪心の塊でしかなかったですね。もちろん事業を立ち上げたのですから、それが普通なのかもしれませんが、私の進むべき道ではなかったのでしょう。人の成長や教育が、自分にとってこれほど楽しいのかと知った瞬間でした。そして不思議なことに、ここから売上がぐんぐん伸びたのです。

信原　なるほど、そういうストーリーがあったのですね。現場とお客様に対してきちんと重田さんが接し、きちんとしたものを提供し続けたから、あとから数字（売上）が追いついた、そういうお話ですよね。

重田　そうです。社員の成長を感じ、教育に力を入れようと決めたら売上が上がったのですが、これは「重田、やっと自分の道が見えたのか、気づいたのか」という意味で、ご褒美をいただいたと私自身は解釈しています。また、私は「お客様の都合で考える」ということを大切にしています。365日ずっと店を休まなかったのは、当時のロサンゼルスには、元旦にオープンしているお店がなかったからです。正月には餅つきをして、お雑煮を召し上がっていただいています。これはサービスです。単純にお客様に喜んでいただきたいと思い、始めたことです。

信原　30年間で様々な浮き沈みをご経験されたというのが、よくわかりました。ありがとうございます。今後、アメリカもしくは日本で新規事業を立ち上げたいと考えている人や、新しいことにチャレンジする人に向け、メッセージをお願いします。この時代だからこそのメッセージを。

重田　時代は本当に変わりました。私自身が重視するのは、人間としての精神です。何をするにおいても、「何のためにするのか」をしっかりと考えなければなりません。まずはその大義を持ち、ブレずに進むことです。大義を持つのに、お金はかかりません。しかし、覚悟が必要です。だから「必ず成し遂げる」と腹を決めることが大事です。

信原　自分が誇れる大義を決め、それを成し遂げると腹をくくるのですね。

重田　はい。そこから様々な奇跡が生まれると、私は思います。腹をくくったら、次に必要なのは勇気です。踏み入れたことのない領域に進むわけですから、躊躇するし、不安も大きいでしょう。しかし一歩進んでしまえば、後は何となくでも進み続けることができるでしょう。これは信原さんもご経験されていると思います。

信原　一歩進む勇気が必要になる、ということですね。

重田　はい、怖がらずに若者はチャレンジしてほしいと思います。次は、のぼり方を間違えないことです。上り方には様々な方法があると思います。どれを選んだとしても筋道をしっかりと自分で考え、誰に対しても明確に説明できるようにする、それが大切です。選択を間違えてもいいのです。きちんと自分の言葉で説明できれば、間違いだとしても嘘ではないから、それでいいのです。やるべきことをして間違えたなら気づきがありますし、それをきちんと覚えるでしょう。ケガをしてもそれが致命傷でないなら、また上ればいい。

信原　アメリカでの上り方を見つけるには、師事する人やメンター、コーチ、そういう導き手を探す方がいいですか？　それとも自分で全部するべきでしょうか。

重田　もちろん人によると思いますが、私の場合は、まずは自分で一生懸命、がむしゃらに動いたから、応援者が現れたというのがあります。

信原　なるほど。まずは自分でやる。がむしゃらにやっていれば、サポートや応援してくれる人が現れるということですね。

重田　はい。真剣に打ち込む人には、人を魅了する熱や明るさがあります。それに人は惹かれるのでしょう。熱や明るいものには人が集まりますからね。私は今、58歳ですが、これまでを振り返ると、いつも必要なタイミングでそういう人たちが現れてくれました。私にとっては、それが真実です。なぜあのタイミングであの人と出会ったのかと不思議に思っていても、後から「こういうことだったのか」と気づきます。

信原　きっと、そういうものなのですね。

重田　科学などをしっかりと学ばれた方からすると、私の言うことは不可解かもしれません。私は人間というのは、心や思い、執念といった目に見えない力を持っていると感じています。コロナ禍でも、もう私はダメかもと思ったことがありました。しかし、そんな時こそ、人に救われました。

信原　ありがとうございます。最後になりますが、最近のアメリカでは日本企業の撤退が相次いでいます。ロサンゼルスにおける経営社会でも、日本人経営者の数は少なくなりました。このような状況でも、日本の若者がチャレンジして成功する可能性やチャンスはあると思われますか？

重田　実は私は、起業云々の世界についてはあまり詳しくありません。しかし、「人と人」が重要ポイントであると考えています。これをもとにすれば、どこに住もうがチャンスは常にあるはずです。アメリカで起業をするなら、人数の少ない今だからこそ目立つチャンスに恵まれるし、アメリカ社会を活用することもできるでしょう。

リスクは大きいけれど、その分やり方を選べばすごい成果を出せるはずです。

私は目立つために、いろいろなことをしてきたという自負があります。とにかく目立ちたかったのです。一人のオーナーが2店舗を持つのはタブー、店がつぶれると言われたことがありました。それは誰が決めたのだ、と私は思い、ならば3店舗持とうと、2店舗目と3店舗目を同時にオープンさせました。店を年中無休にしたのも、目立ちたかったから。私は、これが常識というものやジンクスを破りたかったのです。風当たりが大きいほど、それを乗り越えた時の喜びは深く大きい。そうやって自分の新たな喜びを見出し、可能性を広げていけば、次の世代の人がそこに育ちます。そういう大義があるから、僕は喜んでやり続けようと考え、「新選組グループ」としてチャレンジし続けてこられたのです。誰もやらないことに挑戦するのは楽しいですよ。もちろん、誰もしたことがないから、参考になるデータはありません。しかし、それを成し遂げたら、どんな人たちがどう喜ぶのか、それが私には見えます。そこに喜びがあり、私のモチベーションが上がります。私はお金儲けより、そちらが優先ですね。

自分が理想とする世界を実現するために逆算し、成果を出すにはどうすればいいか、どういうアイデアを取り入れるか、機械やコンピューターはどうするかなどを考え、動き出します。理想と現実があって、それを成し遂げるための手段を決める。それから必要なモノや人などについて、パズルのピースをはめるようなイメージで考え、組み立てていきます。後はがむしゃらに一生懸命、行動します。そうしていれば、必ず応援者やサポーターが現れます。だからこそ、怖がらずにチャレンジしていただきたいですね。

信原　重田さんの言葉の数々は、私の人生の励みにもなります。本日は、貴重なお言葉をありがとうございました。

小さな成功体験の積み重ねが人生を豊かにする

今の私が確かに言えるのは、「小さな成功体験の積み重ねが人生を豊かにする」ということです。私のこれまでの経験で確信を持ち、間違いないと断言できるわけですが、今の私を支えてくれているのは、この小さな成功体験の積み重ねがあるからこそ。小さなことを一つひとつ成し遂げ、人に喜んでいただき、褒められたことが今の私を作り上げげました。

私は新規事業という宝島を追い求めることで生き甲斐を見つけ、実りある日々を送ることができています。

ここからは、新規事業立ち上げを目指す人や、ファウンダーとして生きていきたいと考えている人に向けたエールを送ります。人生は一度きりです。自分が選んだ人生の旅路に向け、第一歩をぜひ踏み出してください。

本書で紹介したファウンダー思考をもってチャレンジし続けていきましょう。そして、既成概念を打ち破るマインドセットと事業をやり切る覚悟を持ち、とことんチャレンジしてください。日本には世界中の起業家が尊敬する名経営者がたくさんいます。その名だたる先人は、みんな共通して、「最後まで諦めなかった人間が、成功している」という格言を残しています。

新規事業を立ち上げると、どうすれば成功するかという、ノウハウばかりに意識が向くと思います。

しかし、絶対的な成功法則は存在しません。新規事業を立ち上げ、様々なことを経てから振り返ってみても、それはあくまでも結果論に過ぎません。スタートを切り、無我夢中で歩みを続けている時は、試行錯誤することが自然です。

いろんなことを失敗しては微調整し、多くの人とぶつかりながらも学び、結果にたどり着くことができるのです。

だからこそ、最後まで諦めないことが重要です。最後まで進み続ければ、必ず成功を収めることができるでしょう。あなたの信じた道を歩んでほしいと願っています。

おわりに

私が新規事業、ひいてはビジネスを語る上で、父親のことは外せません。1994年、就職活動に取り組むことになった際に、自身の大学時代にITの最先端に触れていたことはわかっていましたし、そういう世界があることを感じつつも、自分自身は将来どんな仕事に就けばいいのか？　それについては考えあぐねていたのです。

そこで、父に相談することにしました。16年前に他界した父は、産経新聞の経済部のジャーナリストとして、ロンドンとニューヨークでの駐在を経験し、世界中のニュースを追いかけていました。父に憧れ、将来は新聞記者になるのもいいなと思っていた時期もあったので、率直に「マスコミの道に行きたいけど、テレビと新聞、どちらがいいと思う？これからの時代はテレビかな？」と聞きました。

すると父は、こんなことを言いました。

「自分は1963年に社会人になってから、日本の高度経済成長時代を目の当たりにして、1980年代のロン・ヤス・マギーの時代、また様々な国や、イギリスとアメリカを客観的に見ることができた。さらに1989年のベルリンの壁の崩壊、それからEU（ヨーロッパ連合）・ユーロ（EU加盟国における単一通貨）の誕生など、劇的に世の中が変わっていく時代に、新聞記者冥利に尽きるような、とても面白い人生を歩んできた。ただニューヨークに駐在したときに、一番輝いて見えたのは、日本を引っ張ってきたソニーなどの製造業や、総合商社で日本の有形および無形の財を海外にガンガン展開してビジネスを作っていくという、あのダイナミックな発想と行動力がある仕事だった。だから、もしかしたら君はニュースを見つけて伝える側から、ニュースを作る側へ、世の中の経済の流れの中心に身を置いたら面白いんじゃないか？」

この言葉を受け、私の人生は大きく変わります。

もう1人、私をビジネスの世界に導いてくれた人、それが祖父です。中学生から日本で育った私は、家の隣に住む母方の祖父と父の会話がいつも楽しみでした。祖父は日中戦争と第二次世界大戦に出征し、終戦後に様々な事業に乗り出し、最終的に鎌倉で工場を建てました。その工場での仕事は、ハンドラベラー（商品に値札を貼る機械）を作ること。ドイツのテクノロジーを参考にして、日本で製作して全国で売ることで、祖父は実業家として財を成しました。

ジャーナリストの父親と、実業家の祖父。父の雇用形態はサラリーマンですが、ジャーナリストは自由でサラリーマンっぽくありません。父はいつも自由で、好奇心豊か。人生を楽しんでいる感じでした。そんな父に対して、祖父はすこぶる真面目な人。毎週日曜日の夜、父の手料理を囲んで弾む、２人の世界情勢とビジネスの会話の光景が今でも記憶に残っています。

私の身体の中には、そんな2人の血が流れています。新規事業とは、世の人々が必要としている新しい価値を見出し、人々が必要としている形で提供して、相応の対価を得ることです。好奇心を持ち、「鳥の目・蟻の目・魚の目」で自分なりの創造性を持ってアイデアを出し、同志である仲間と一緒に事業を創っていく過程に、私は大きな生き甲斐を覚えます。また、人間でしかできない能力だとも思います。

本書で紹介した、私のファウンダー思考と、ファウンダーが知っておくべき6つの武器、「宝島」「海図」「物語」「同志」「金脈」「実行」が、あなたの新規事業立ち上げの旅路を歩む上での一助となれば、私にとってこれに勝る喜びはありません。ぜひこれから私と共に、新規事業の立ち上げにチャレンジしませんか？

本書の執筆にあたり、今まで出会ってきた多くの方々のお世話になりました。特に、Exa Innovation Studio, Inc. の共同創業者である方健太郎とThibaut Mallet De Chaunyの2人の知見、および今まで12年の間に一緒に取り組んできたことは、本書に大いに反映されています。そして、日々の仕事を一緒に取り組み、私を支えてくれている会社の仲間たち、また様々な課題をいただき新規事業アイデアの発掘に一緒に取り組んで下さっているクライアントの皆様に、改めて感謝の意を表します。

また紙幅の都合もあり、ここで全員のお名前を記載することは叶いませんが、とくに適宜ご指導と叱咤激励をいただいている武田和徳さん、戦友であり良き友でもある宮田啓友氏、寺部達朗氏、大瀧裕樹氏、丸山陽平氏、山並憲司氏をはじめ、私の人生におけるそれぞれのタイミングでお世話になりました皆様に、この場を借りて御礼申し上げます。

本書出版の貴重な機会を与えてくださったプレジデント社、編集長の桂木栄一さん、編集を担当された遠藤由次郎さん、およびライターの戸田美紀さんにも、この場を借りて御礼申し上げます。
最後に、私の日頃の無茶を支えてくれ、常に温かく見守ってくれている妻、母、家族に心から感謝したいと思います。

２０２３年12月

Exa Innovation Studio Managing Director／Shikohin CEO　信原　威

著者プロフィール

信原 威

総合商社で中近東・中南米向けの機械輸出ビジネスに従事した後、大手コンサルティング・ファームでディレクターとして日本企業および欧米企業のグローバル・プロジェクトを担当。2012年より活動拠点をロサンゼルスに移し、Exa Innovation Studio（EIS）を2人の仲間と創業。現在はEISで日米欧での新規事業開発に取り組むと同時に、日本特有の天然素材と道具を組み合わせたウェルネスブランド「Shikohin, Inc.」および新規事業育成ファンド「E-studio LLC」のCEO を務める。起業家の世界的ネットワークEO（Entrepreneurs' Organization）Los Angelesのメンバーで、多くの若手起業家のコーチングに取り組む。2016年より、アクセラレーター「Founders Boost」でのメンターとして、数多くのスタートアップのアドバイザーを務める。慶應義塾大学環境情報学部卒業。

ファウンダー思考
新規事業を成功に導く6つの武器

2023年　12月19日　第1刷発行

著　者　信原 威
発行者　鈴木 勝彦
発行所　株式会社 プレジデント社
〒102-8641　東京都千代田区平河町2-16-1
平河町森タワー13階
https://www.president.co.jp/
［電話］編集(03)3237-3732　販売(03)3237-3731

編　集　桂木栄一　遠藤由次郎(Penonome LCC.)
構　成　戸田美紀
デザイン　竹内雄二
イラスト　信原海那
制　作　関 結香
販　売　桂木栄一　高橋 徹　川井田美景
森田 巌　末吉秀樹
印刷・製本　中央精版印刷株式会社

ISBN978-4-8334-2523-0
Printed in Japan
落丁・乱丁本はおとりかえいたします。